攀峰

TAKING YOUR TEAM
TO THE TOP

讓團隊幫你贏

SUMMIT LEADERSHIP

攀登十次5895公尺世界高峰，
體會「顛峰領導力」實戰商業模式

Lessons from 5895 meters

Blair Singer
布萊爾・辛格——著

廖啓凡——譯

CONTENTS 目錄

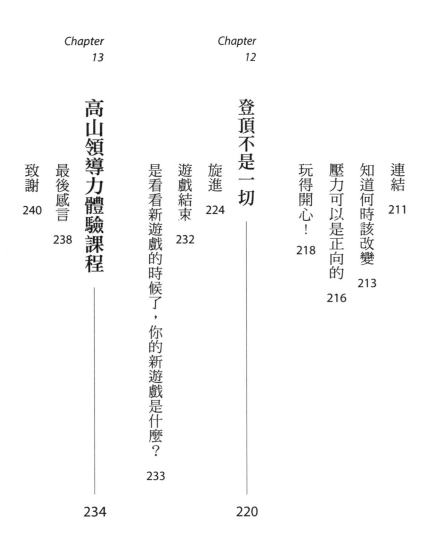

【推薦序二】

什麼是領導力？

——「富爸爸系列」叢書主要作者／羅伯特・清崎（Robert Kiyosaki）

領導力就是力量，對於力量的簡單定義就是「有能力去執行」。用這個定義來形容我多年好友布萊爾・辛格（Blair Singer）再適合不過了，布萊爾有不可思議的能力和力量，可以啟發他人「去執行」不可能的任務、超越他們個人的極限、想法及信念……

登上非洲最高峰——吉力馬札羅（Kilimanjaro）山頂。

但是人生與登上吉力馬札羅山的頂峰無關，吉力馬札羅山是身外之物，人生是與攀登及征服我們內在的吉力馬札羅山頂峰有關——頂峰代表著在日常生活中，會遭遇的那些似乎無法克服且令人氣餒的挑戰和障礙，這也就是布萊爾驚人的能力和天賦閃耀之處。

當布萊爾帶領著普羅大眾，即像你我一樣的普通人，登上吉力馬札羅山頂時，他是在激勵我們每個普通人要先成為自己的領導者，我們個人生活中的領導者，這樣我們才有能力領導他人！

預言書《第四次轉折》（*The Fourth Turning, 1998*）的作者威廉・施特勞斯（William Straus）與豪威（Neil Howe）所預警在二〇〇二年的第四次轉折，也就是我們現在身處的時代。作者所強調的第四次轉折，會是個被標註為軟弱「領導者」的時期，從過去幾年的新聞來看，美利堅「合眾」國正在轉變成分裂的美利堅「分眾」國……城市被燒毀、財物遭洗劫、令人難堪的阿富汗撤軍、開放邊界遭到入侵、大規模移民潮，以及勞工不顧政府要求，拒絕接種疫苗等等，我們還需要更多證據來證明這個群龍無首的世界正處於第四次轉折嗎？

布萊爾・辛格的著作《攀峰，讓團隊幫你贏》正好是《第四次轉折》的大補帖，在軟弱領導者的世界裡，我們應竭盡所能地汲取布萊爾的畢生所學功力，包括他的真實生活經驗值及其對於領導力的智慧等，這比以往任何時刻都來得重要。在這個歷史性的時刻，強化你的個人領導力技能會是你最重要的投資！

請務必記得，領導力就是力量！而你最重要的力量，就是在領導他人之前，要先有能力領導自己！

【推薦序二】

一個改變思維、拓展視野的旅程

——黃鵬峻／苓業國際教育學院創辦人

布萊爾．辛格是一位偉大的教育家和教練，他改變了許多人的生命，包括我自己。當我的公司開始突破改變時，我意識到應該將這樣的商業轉化模式分享給更多的企業家。於是，在二〇〇九年我開始與布萊爾．辛格緊密合作，每年邀請他來台灣進行多場課程和分享，因為我相信這個模式有非常高的實用價值，可以真正幫助企業翻轉。

瞬息變化的商業世界，總是充滿著大量的挑戰和困難；然而，當我們學會從不同的角度思考和行動時，一切都可以改變。這本書帶領我們走進一趟令人感到驚奇且令人興奮的商業領導力旅程，並向我們展示富爸爸集團的首席顧問，同時也是世界第一的商業教練布萊爾．辛格，他的商業理念與使命。

我在二〇〇六年第一次與布萊爾．辛格相遇，那是一堂在馬來西亞維持七天的課程。透過布萊爾的教導，我才真正理解到，原來商業的思維方式可以有這麼大的不同，也透過持續地學習，讓我的公司營收開始每年有百分之二十~三十的成長，而且連續十年從未間斷，這真的是一趟令人感到驚奇的旅程！而也藉由這次機會，我了解到富爸爸集團的使命，即「透過商業轉化提升全人類的生活品質」。我深深共情於這個使命，因為我知道公司能穩定賺錢，對員工及其家庭來說是一件多麼重要的事，於是我毅然決然加入了富爸爸集團的行列，並與布萊爾．辛格成為事業上的合夥人，持續推廣這樣的使命。

多年以來，他不斷展現領導力的光芒，教導我們獎勵辛勤工作的人，並以身作則。無論是搭乘計程車還是在餐廳用餐時，是不是我們可以多付一點小費，去獎勵那些辛勤工作的人!? 他對待所有的服務人員都是一視同仁，他的謙虛和眼神中的祝福讓人敬佩不已，那是一種發自內心的愛，每個小動作、小細節都教會了我們什麼是真正的領導力。

最特別的印象，就是二〇一四年我與布萊爾．辛格，以及本書中也有提到的K2冒險旅行社（K2 Adventures Foundation）的創辦人凱文．切里拉（Kevin Cherilla）一起登上非洲第一高峰——吉力馬札羅山（Kilimanjaro）；整趟登山旅程中，每一個過程我都深刻體會到，這猶如在經營一間企業。

登山的過程不是短跑，它就像是一場馬拉松賽跑，需要我們時刻保持警覺，每一個呼吸、每一個步伐都需要細心謹慎。在登山過程中，隊長常叮嚀我們一句話：「一次走好一步！」每一步都要確保腳踝打直，因為只有這樣才算是真正的一步。只有踏出每一步，我們才能走得更高、更遠，但如果為了趕快進展，忽略了腳踝的姿勢，每一步都只是倚賴膝蓋的力量，最終我們會感到吃力不堪。身為隊長的凱文無時無刻都在關注著我們，確保我們的每一步；這讓我感受到領導者也應該謹慎地推進每一步，確保組織的穩定性和可發展性。避免過於急切地追求短期成果，而忽略了長期成效，紮實的基本功，才能使組織取得持久的成功。

另外一個特別之處是我們在夜間紮營的時候。假設我們要在海拔八百公尺或一千公尺的地方紮營，我們需要先攀升到可能一千二百公尺，然後再返回一千公尺以下的位置。這樣做的目的是讓我們先經歷空氣稀薄的狀態，然後再回到含氧量更高的地方休息。模式與我們在訓練時的強度相似，必須超過實際戰場或商場上的要求，才能表現出色，這也是另一個有趣的學習經驗。

當中也發生最讓我感動的事。

在過去，由於我有胃食道逆流的問題，只要喝太多水，胃酸就會過多而無法持續地喝水，這讓我在登山旅程中感到非常不舒服，飲水量不足也大幅降低我身體的含氧量。到第三天的中午用餐時間，強烈的高原反應讓我完全失去了胃口；更糟糕的是，這些食物都是我非常不喜歡、不習慣的。其中一個餐點是將燕麥和牛奶混合攪拌在一起，看起來就很令人作嘔；即使在身體健康的情況下，我也不會喜歡吃那些食物，更不用說我身體已經不適，整個人感到痛楚、全身無力的情形下。

由於沒有進食和喝水，我的體力無法支撐。當大家都撤營繼續前進時，我是落在隊伍的最後一個人，不僅如此，我與隊伍之間還有一段距離；此時，我開始擔心我是否該回頭？但我不知道應該怎麼走。如果我繼續前進，整個旅程可能超過十天，在第三天我已經出現這種反應，接下來該如何是好？我開始感到驚慌、不知所措；此時，我腦海中有許多小聲音開始在拉扯。

然而，在這種兩難的情況下，我突然聽到了一種天籟般的聲音，在我後面有一個人對我說：“Steve，Are you OK？”雖然這只是一句簡單的問候，但我覺得這聲音彷彿來自天堂，好像有一個人深深了解我內心的聲音，問我是否需要幫助，問我現在的狀況如何；那種關懷很難以言語表達，但你可以完全感受到那份支持。那個人就是隊長凱文，身為隊長的他，平時都走在前面，但那天他卻走在最後，他早就察覺到我臉色不對勁。

雖然那句話簡單，卻完全觸動了我的內心。

從那時起，我學到了在領導過程中，在與他人溝通時必須全神貫注地聆聽，專注於他們身上，而不是心不在焉地想著其他事情或下一步要做的事。只有這樣，我才能真正理解別人想要傳達的訊息，不錯過許多機會，並能更深刻地感受到他們的情感。這一刻對我來說非常意義深遠。

我衷心推薦《攀峰——讓團隊幫你贏》這本書，你將更加了解布萊爾・辛格的經營事業功力——他所教授的超級大師級的技巧，以及他的親和力和紮實的方法論。他的教導不僅僅是理論，更是實踐驗證的成果，它向我們展現一個改變思維、拓展視野的旅程。

同時，這也是一場關於領導力的啟示。它將帶領你思考領導的本質、團隊合作和面對困難時的堅持與勇氣。透過這本書，我們將學會如何成為一位溫暖、關懷且具有領導力的人。

無論你是一個創業者、企業家，還是想要在商業領域取得突破的人，這本書都將成為你寶貴的資源和指南。

我相信它將為你帶來無盡的啟示和成長。

祝願你的事業大放異彩！

【推薦序三】

攀上你心目中的高峰

——謝聰評（Smart）／BNI 台灣國家董事

三十年前當我開始踏上學習旅程時，很幸運認識了同時在學習道路上的黃鵬峻老師，這三十年來不斷地與這位好朋友、同時也是好老師學習，互相打氣，見證鵬峻老師在教育事業的付出，進而影響數萬名學生、個人領袖、企業家們！這期間，我也是受惠的其中之一，非常感謝。

苓業國際教育學院鵬峻老師的使命感——把世界最頂尖的商業教練布萊爾．辛格老師引進台灣，讓我有機會參與了相關傑出的培訓，讓我也受惠於其中，透過有系統的學習及成長也豐富了我的生命層次！

在二〇〇六年時，有機會接觸 BNI 國際商務引薦平台，個人的事業上也做了一個很大的決定。當時我被這種能夠創造一個共贏的商業模式——可以幫助到台灣的企業家們所感召，這也成為我這麼多年以來不曾改變的信念。而我很清楚使命的道路需要堅持之外更需要正確的知識，同時在個人成長上需要突破，我的事業才能突破！

因為鵬峻老師的影響，我也從二〇〇九年開始參與了布萊爾．辛格老師培訓的銷售與領導課程的旅程，給予我在帶領團隊成長上，更加明白了系統的重要性，以及組織遇到困境時需要有喊出「暫停」的勇氣來重整團隊，並致力於勝利的目標！

在二〇一八年，我跟苓業教育學院帶領的學習團隊飛到新加坡參與布萊爾．辛格的五天 MFP 大師訓練大師課程，那一年對我意義深遠，我在 BNI 國際商務平台已經深耕多年，深知當我有機會發揮更大的影響力時，需要專注擴大我的內在格局，我就能影響更多人。

二〇一八年四月一日我正式成為 BNI 國家董事，真的不是只有堅持就能成功，而是與我聽從了內心的聲音有很大的關係！布萊爾．辛格老師在這本書裡提到關於使命，他問到：「你想要玩多大的遊戲？」你所做的事情、你的思維高度與格局，是否符合你要玩多大的遊戲？以及你的任務有多大？光是一個意味深遠的問句，就能展示「教練的級數決定了選手的表現」！

布萊爾．辛格進而問到，「你的宏大使命是什麼？」每一個問句都敲擊我的內心，讓我深思及自我覺察——創業這一路上會感到孤單、沮喪、挫敗、後悔、茫然、懷疑自己……的無力感！

慶幸、也感謝自己一路上持續不曾間斷與許多世界級的老師學習，他們的成功都有共同特質，就是超有「使命感」——布萊爾．辛格老師更是。印象深刻的是像他創辦布萊爾・辛格學院的使命，是用「為何而做？」「做些什麼？」來示範他的宏大使命。他更提到，因為你的「為何而做」就流露出支撐你事業背後的火花和熱情；你的價值觀則顯露出你在乎產品或服務的價值所在，以及你的事業原則。我非常認同，宏大使命並不是指數量、金錢或廣度，而是用自己的方式「在宇宙間留下一絲痕跡」，讓人們的靈魂更拉升一個層次，讓宏大的目標來激勵著我們！

最後我要用我最尊重的吉格・金克拉（Zig Ziglar）博士的一句話作為圭臬和期許：「你這一生若幫助許多的人獲得成功，你也必將得到屬於自己的成功！」同時期盼各方好友、讀者家人們，能夠透過布萊爾・辛格老師的新作，帶你一窺五千八百九十五公尺高山領導力上的風景，讓我們所走的每一步路都能往正確的方向，一起在生命的旅程中登頂，並「攀上你心目中的高峰」！

【推薦序四】發現更好的自己

——王芮慈／美商威尼克斯 VIVISPA 創辦人

今天，我要談論的是一位深具影響力的世界首席商業教練，一位值得我們推崇的人物——布萊爾．辛格；布萊爾．辛格展現的是一個宏大的使命，一個能將人們團結在一起，並攀登領導高峰的使命。

一個強大的使命宣言是推動個人和組織成就卓越的關鍵要素。使命宣言應該闡述我們所做的事情，為何而存在，以及我們所重視的價值觀。這樣的宣言不僅能夠點燃我們內心的火花，展現我們的熱情，也能夠凝聚團隊的力量，達成共同目標。

在這本書中，作者向我們展示了一個令人驚嘆的例子，來自布萊爾．辛格的領導力體驗——布萊爾．辛格與一個來自六個不同國家的人組成的團隊（這些人背景迥異，語言和文化差異明顯），在一次登山的過程中，他們遇到了嚴酷的環境挑戰，以及隊伍內部的合作問題。面對這樣的困境，布萊爾．辛格以驚人的領導力，揮灑出使命宣言：「我們要帶著一個團隊登頂，不是一個墨西哥隊，不是一個亞洲隊，也不是一個美國隊。」這句話的力量在於它超越了國籍、語言和文化的差異，將每個團隊成員凝聚在一起，成為真正的領袖。這個故事中的轉折點，讓我們意識到在一個團隊中，保持開放心態、彼此相愛，是至關重要的。

布萊爾．辛格將多次攀登高峰過程中的心得，比擬為人生中所要面對的各種不同挑戰，結合使命宣言與榮譽典章，在挑戰極限的攀登中，登頂不再是目標，而是發現更好的自己，不斷自我超越，以紀律、榮譽、使命做為價值核心，建立互信的團隊，讓人具備更強大的勇氣，達到成為人生中的顛峰領導者的目標。

【推薦序五】

一本企業家創業的教戰手冊

——蘇莞文／藥學暨中醫學博士

生命的安排很奇妙，會認識布萊爾．辛格，是二〇〇七年在馬來西亞吉隆坡口譯他最著名的「銷售與領導大師（SLM）課程」，這個課程是我接下的第一份口譯案子。後續因為苓業國際教育學院的創辦人黃鵬峻老師，將布萊爾的課程帶入台灣；而布萊爾真的很有心，忠於他的使命，願意每年飛來台灣，協助台灣的企業家／創業家，讓他們在事業上獲得成功、提升生活品質、改變人們的生命，也因為這樣，開啟了我們長達十五年的合作。

近一、二十年，在教育培訓產業出現了很多老師，透過口譯合作機會，我得以接觸觀察到這些老師。我發現，大多數的老師都像個傳教士般的只是在傳遞資訊，只有少數幾位是真正的將所知付諸行動去執行，再將執行後內化過的智慧與人分享。布萊爾．辛格就是這樣的一位導師，在每一年的合作中我有機會近距離地觀察他，他是一位有願景、有使命、以身作則又知行合一的人。他所教導的都是他親身經歷實踐過後的智慧，他也是非常有紀律的人，除了每天規律的執行運動與飲食計畫之外，也非常嚴謹遵行自己訂下的榮譽典章。因為這樣，我們能夠有超過十年的長期合作，我非常敬佩他、也非常認同他的使命與核心價值觀，而這些都是讓一個人或一個企業成功的基本要素。

為自己與團隊制訂榮譽典章非常重要！尤其在團隊中，遵守訂定出來的榮譽典章是必要的。這可以幫助我們做出最好的選擇，在緊急時刻，甚至可以保住我們的性命。

我有幸在二〇一四年參與了第一屆的高山領導力體驗培訓課程。

在閱讀這本書的時候，彷彿穿越時空般，將我再次帶回到二〇一四年七月攀登吉利馬札羅山的過程。那一次，我在攻頂的前一晚血壓無預警的突然飆高到一八五（收縮壓）／一一〇（舒張壓）毫米汞柱，要知道，我是沒有任何心血管問題的人，在上山之前，我的血壓一直是在正常範圍內的，而在出發前做的身體檢查，也顯示我是非常健康的。當下我沒有任何不舒服的感覺，但是當我讓山導凱文・切里拉（Kevin Cherilla）知道時，他要我立刻回帳篷去服用丹木斯之後躺下睡覺，隔天早上再看情況是否能夠與大家一起繼續登頂的行程，當晚我帶著忐忑不安的心情入睡。

好在攻頂當天早上測量時，血壓已下降到一四〇／八五毫米汞柱，凱文允許我跟著大家一起繼續走，但我得走在最後面，而且每次停下休息時都要監測血壓，以確保安全。就這樣一路平安的來到了第二頂峰——在五千七百五十六公尺處的史黛拉頂峰，此時，距離最高頂峰五千八百九十五公尺的烏呼嚕峰只剩不到一個小時的路程。在這裡，凱文使用指尖夾式血氧機幫大家測量了血氧濃度，這時候，我的血壓已經恢復正常了，但是我的血氧濃度竟然只有百分之七十四；喝下了挑夫們為我們準備的熱紅茶，讓身體溫暖後再次測量，我的血氧濃度有稍微增加來到了百分之七十八，但這樣還是不足以讓我可以繼續向上爬。於是，凱文對我下了下山的指令，當下我內心有好多不甘願的小聲音在瘋狂吶喊著～「什麼？我好不容易來了這麼一趟，都已經走到這裡了，竟然要我下山!?」「我的身體感覺很好，我覺得我可以繼續走，而且只剩下沒多少的路程就可以到達烏呼嚕峰了，下次要再來天曉得會是哪年哪月的事，我想抵達最高峰！」「沒有去到最高峰，那不就代表我失敗了嗎？」

我很想跟凱文爭取攻上烏呼嚕峰的機會，但是，這個登山團隊的榮譽典章規則之一就是——「在山裡，大家都得服從山導的指令」；於是挑夫陪著我開始往下走，這時我難過到眼淚不爭氣的掉下來。事後與凱文有一段對話，他說道，雖然我身體沒有感覺到什麼不舒服，但如果當時他讓我繼續向上走，我可能會被抬著下山，他身為領導者，他也肩負著團隊成員安危的責任。

在這個經驗中我學到，遵守團隊訂下的榮譽典章讓我免於一場大災難。山永遠都會在，而我如果發生了什麼意外，我就再也沒機會回來了，而且我愛的與愛我的人，不知會有多難過。山也教會我，沒有什麼是完美的，也沒有什麼是失敗的，我們踏出的每一小步都算數，都是成功，都要慶祝。活著就值得好好慶祝！

在這本書中，布萊爾把過去所有課程與著作中的精髓，結合攀登吉利馬札羅山的高山領導力體驗，將所有精華注入這本書中。除了分享山教會他的事，教導創業家如何建立事業，如何成為優秀領導者，建立良好心態，從開始創業時要找到為何而做的使命，確立自己的核心價值、做好準備與訓練、擁有團隊的重要性、如何找到／招募有相同使命與願景的團隊一起合作，到如何制訂榮譽典章並擔責執行，堪稱一本企業家創業的教戰手冊。

這本書適合所有的人閱讀，除了在商業領域中的企業家與創業家之外，學校老師／教育者、父母、國家領導人、在任何機構體系內站在領導位置的人、想要成為領導者的人，都能從中受益。

在我的教學生涯中，我也使用了很多布萊爾在課程中的教學方式，讓藥學系、醫學系的學生們在課堂上分組，透過溝通與分工合作來學習，同心協力完成學期的專案報告，讓學生們在求學期間就能開始與人合作，建立團隊精神。單打獨鬥已經是過去式了，在未來，透過團隊的力量才能走得更遠，尤其在醫療體系，更是需要跨部門一起來照護病人。我覺得在體制下的學校老師們，如果能夠用這樣的教學方式來培養下一代，我們的未來會充滿希望。

每個人的心中都有一座自己想要攀爬的大山，想要去的方向，想達成的目標，我們不必孤單一人的去摸索去爬這座山，我們可以找到志同道合，有相同理念、使命與願景的團隊一起前行！

【前言】給準備好要攻上自己頂峰的你

人生充滿許多課題，宇宙不斷地向你丟出各種挑戰、障礙和獎勵，彷彿有些是事先註定，而且是你應該要去學習和征服的生命課程，只是你不會有課程大綱可以依循，也沒有議程或作業清單要完成，你可能發現自己毫無頭緒，全憑感覺行事，期望成績拿到A，往往卻得了個C，D或是不及格。

然後回到人生的課堂上，我經常覺得納悶，為什麼我們會獲得這樣一套課程，我們就像是磁鐵般地吸引到某種特定的課程，幾乎像是致命的吸引力，但為什麼會這樣？

不過我敢肯定的是，如果沒有學會面對呈現在你面前的人生課題，你就會一次又一次遇到相同課題，而且強度愈來愈強烈，你會被迫要處理它，直到你終於學到教訓，不幸的是，當你開始能掌握一些人生課題時，你的人生也準備要步入尾聲了。

你的課題會從生活的四面八方襲來：你的健康狀況、家庭、親子關係、朋友、你的事業和團隊。你是人生課程的學生，但其他人也是，有時候課題會是相同的，但遇到課題的時間點會不一樣，有時候課題的本身就不相同，你可以把它想成是在只有一間教室的校舍裡，每個人都以自己的程度和步調在學習；如果你全部的人生經驗就像是在一所學校裡，那麼好消息是你有老師可以依靠，更好的消息是，對別人而言，對於你已經能掌握且他們尚未學到的課題，你也是他們的老師。

我堅信，身為領導者，我們的目的就是要做到這一點，就是要能掌握人生課題，並將這些知識傳遞給他人，好讓他們有機會能加速他們自身的學習旅程，正如每一代的商業領袖、社群領袖和思想領袖，以及健康、富有與幸福的領導者們從不斷嘗試錯誤中學習，我們賦予自己的團隊成員以及影響範圍內的人力量，以達成更高的成就、成長和幸福。

多年前，我遇見一位了不起的、被我視為偉大老師的人物，他是敦豪國際（DHL International）的創辦人鍾普洋（Po Chung）。有一天在他的香港辦公室，我們談論到「領導者即老師」的重要性，他一針見血地指出：「商業領袖有責任將他們在事業生涯中所學的一切傳授給他人，」這是推動我們物種和文明前進的動力。

在我的事業及生活中，我已致力於訓練世界上最好的老師和領導者，加速知識的傳承，從根本上改變我們學習和成長的方式，特別是在商業界。

二〇一二年，我有個難得的機會與當時年僅十六歲的兒子——班（Ben），一同到非洲旅行並攀登吉力馬札羅山，自從那次之後，我已經陸續去了八次。當時我連想都沒想過會學習到關於領導力的課題，但事情就是這樣發生了！每次上山的旅程都讓我領悟到一些關於真正領導力的獨特性且具改革性的想法，這不一定會發生在每個人身上，但這發生在我身上了，也發生在每年我帶上山的學員身上，因為我有像K2冒險旅行社（K2 Adventure Travel）的登山嚮導凱文・切里拉（Kevin Cherilla）和克莉絲頓・桑奎斯特（Kristen Sandquist）這麼優秀的老師，在跟他們一起登山的前幾年，我甚至不確定他們知不知道自己的課程有多珍貴。

在到達非洲和攻上吉力馬札羅山頂的這十三天旅程，是一個人的生命最細緻、最強烈也是最深刻的縮影，徒步登山的艱苦跋涉會迫使你擺脫掉得意自滿、擺脫掉日常生活催眠般的節奏，而且讓你能敏銳地意識到周遭的一切，天候狀況、你的身體狀況，甚至是你的心智狀態都有可能在一個心跳的片刻間改變！你必須迅速做出決定和適應，否則就會失敗，領導力的課題來得又急又猛烈，它們蘊藏在每個腳步、每次呼吸，和與你的同伴、與大自然以及你內在的每個連結中，可以學習的地方太多了！多到對那些與我的團隊一同翻山越嶺的人，我唯一能給的保證就是當他們下山時，他們會是那個最強大、最卓越的自己！

身為領導者，在我們的事業和個人生活中都有需要攀爬的高山，雖然你可能無法實際登頂，但你仍然可以從吉力馬札羅山的課程中獲益，你可以更上一層樓，你可以有更敏銳的覺察力，你可以讓自己從學生轉變成老師，並提升你的團隊，這也是為什麼我決定寫這本書，我想要將在山上所學到關於領導力的體悟，分享給準備好要攻上自己頂峰的你，不論那個頂峰是什麼。

此刻，我們被困在包括疫情大流行、經濟衰退，以及人類生活方式可能重組的全球危機之中，這些都是我們的吉力馬札羅山，無論好壞，這個時代都將被我們的後世子孫所牢記，而未來當他們回顧此時，所檢討的最大課題會是這些時期出現的是什麼樣的領導力，還是領導力根本沒出現？

我感到幸運的是，能活在這個人類歷史上令人驚奇的重要關頭，未來將會裁決我們的領導力好不好、我們把自己的家庭照顧得好不好，我們將自己的團隊和社會打造得好不好、支持得夠不夠，我們夠不夠勇敢地持續去愛、去連結、教導和學習那些已經提供給我們的課題。

我的導師說得好：「危機是正要出現的『改變』。」會出現危機是因為我們為了方便、舒適或是無知，而忽略或推開做出改變的機會，我們正處於危機之中，而且「改變」已經向我們發出警訊！所以我希望也試圖讓來自海拔五千八百九十五公尺（原文為：一萬九千三百四十一英呎）吉力馬札羅山頂的領導力課程，能啟發你做出正確的決策，做對的事情，並領導你的家庭、團隊及社會達到成功和成就的新高度……不只是為你自己，而是為我們所有人。

至於為什麼你似乎對某些特定課題有著致命的吸引力一事，我找到答案了，原因非常簡單，因為你是個領導者！而你的工作就是要運用這些課程所學，盡你所能地去為最多數的人服務，因為在你的DNA裡，你天生就是個領導者，你老早就已經知道了，也許你是抗拒或害怕承認，但是如果沒有某種力量牽引著你，你根本不會閱讀這本書。

無論是因為吉力馬札羅山、新冠肺炎、經濟動盪，還是為了養家活口，接下來的這些教導會是攻上你自己及你團隊頂峰的登山嚮導。

用知識、勇氣和靈感來帶領自己和團隊吧！

「只有那些敢冒險遠走高飛的人，才能知道自己能走多遠。」

——T. S. 艾略特（T.S. Eliot）

Chapter 1

在海拔五千六百八十五公尺的領導力

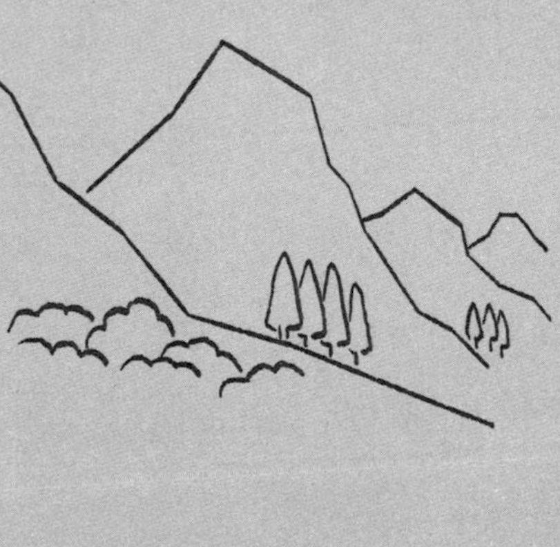

二〇一九年七月十一日
吉力馬札羅山，
史黛拉叉路口，
海拔五千六百八十五公尺……
就在山頂下方

登山嚮導瞪大了雙眼，傳來了一句我不想聽到的話，在呼嘯的風聲中，她的話我聽得一清二楚：「你必須得下山，立刻！」克莉絲頓下了通牒，「立刻下山！」

她的脈衝式血氧機顯示我的血氧濃度正急遽下降，很危險！當這種情況發生時，登山者會被迅速地送下山到海拔高度較低的地方，好讓登山者的肺部能吸收到更多氧氣，如果我不快速下山，那麼我的肺部和大腦有可能會充滿液體、水腫、失去意識，甚至可能死亡。

然而，我此刻感覺並沒有太糟糕，我感覺自己可以撐到攻頂，因為離山頂只剩下不到二百一十公尺（原文為：約七百英呎），但我也知道規則，克莉絲頓是嚮導——即領導者，她的話就是法律！如果我違抗她的命令，我可能不僅會危及自己的生命，同時也置我的夥伴於危險中。

\這座山我已經成功攻頂八次了，為什麼現在會發生這種事？

那這個橫幅布條該怎麼處置？／

我手上這個橫幅布條是要在頂峰上展開的，這是我所安排的登山活動的傳統。突然間，我的大腦整個安靜下來，眼前的一切全變成了慢動作，我明白該怎麼做了，而且分秒必爭！我的目光快速掃過我們三十個登山夥伴，然後把布條扔給帕歐（Pao）——她是個聰明、年輕、教人打坐冥想的馬來西亞女性。

「我必須得離開。」我對她說，沒時間解釋了。

我的腦袋現在感覺起來像個氣球，而且我眼前的畫面已經開始扭曲，克莉絲頓說得對，我必須立即下山，而且要快！

我跟著阿里（Ali），他是個了不起的坦尚尼亞（Tanzania）挑夫，他背著我的行李全力奔跑下山，我想如果我昏倒了，他也會扛著我下山。阿里有著滿臉傷疤卻笑容滿面，雖然他只會幾句英文，但是在他身邊感覺舒適愉快，他出身於清寒家庭，整年都在東拼西湊地努力賺錢。

特別是在他可以提供服務的登山旺季，他所做的工作量以及他的力氣，對於像他這樣小個子的男性來說是很罕見的。每當可以唱歌跳舞的時候，他帶著喜悅、宏亮的男中音便會響起，而現在，他已經回復到本能行為，不計一切代價來拯救生命，在此刻就是盡速把我送下山。

當我們奔跑下山時；在我們腳下有厚度十五到二十公分、鬆軟的火山岩碎屑和火山灰會揚起巨大塵煙，好在有一陣寒冷而清新的風從東面吹來，讓揚塵不至於吹到我們臉上。在這裡我該解釋一下，登山客上山和下山所走的步道是不一樣的，向上攀登的步道充滿碎石，崎嶇難行，所以不想要受傷就不可能用跑的，當我在為自己的生命奔跑時，我很感激下山的路是比較和緩安全的

當時陽光普照、晴空萬里，我流了滿身大汗，我的肺正費力地想要吸取更多空氣，我大腿的股四頭肌火力全開，阿里和我跑了將近一個小時才到達海拔約四千八百公尺（原文為：一萬五千七百四十八英呎）的山頂基地營科索沃（Kosovo）。

／我能成功活下來嗎？／

我思緒轉向我的老婆和兒子們，別人說的是真的，當你面臨死亡時，你想到的不會是你的工作或成就，而是你所愛的人。

對我而言，我愛的人包括我兒子班（Ben），七年前當我跟他第一次長途跋涉登上非洲第一高峰時，從他身上我學到了領導力，以及如何身為一個父親的珍貴教訓。

回到二〇一二年

班當時十六歲，是美國亞利桑那州（Arizona）鳳凰城（Phoenix）的一名高中生，他是個好學生，也是個很棒的運動員，很受到師長們的喜愛，他從以前到現在都是一個全方位的好孩子。然而，就像許多這個年紀的男孩子一樣，班和一些他的好哥兒們決定在學校搞個惡作劇，而結果並不如他們預期的好玩，這個惡作劇引起了相當大的騷動和混亂，班以前從來沒遭遇過什麼麻煩，所以他的行為所帶來的後果讓他心力交瘁。

我記得當時跟他說：「每個人都會犯錯，這就是我們學習的方式，這就是人生，這個事件可能是你人生中最糟糕也可能是最棒的事，端看你的選擇！」

這個事件的解決方式之一，就是讓班同意找尋並履行社區服務。我知道我需要想個辦法來激勵這孩子，他需要一個新的環境，他需要新的任務，他需要感覺自己有能力為自己的生命做點好事；所以，當我在飛回紐約的飛機上遇到的一個陌生人告訴我，關於位在亞利桑那州斯科茨代爾（Scottsdale）的K2冒險旅行社，以及他們的服務範圍遍及全球時，我就覺得非打這通電話不可。

K2的創辦人和共同負責人是凱文·切里拉及克莉絲頓·桑奎斯特，他們是經驗豐富的登山者，同時也經營一個非營利機構，為美國亞利桑那州、尼泊爾、祕魯及坦尚尼亞等地的殘障兒童及家庭募款，最近這五年，光是在坦尚尼亞為了添購醫療器材、物資和補給品，他們就募集到了超過二百五十萬美元！他們曾帶領由八名視障登山者所組成的探險隊登上吉力馬札羅山頂，因此而獲得國際知名度。

有趣的是，正是這項挑戰促成凱文和克莉絲頓一起創辦K2，有人請凱文幫忙帶這八名視障者上山，凱文很清楚他需要一個助理嚮導，他透過朋友介紹認識了克莉絲頓，而她想為他人服務的心激起她對這項挑戰的興趣，於是克莉絲頓說：「好的，我會去。」但那是什麼意思？我們必須睡在帳篷裡嗎？她當時根本不清楚，克莉絲頓從未睡過帳篷，她當時甚至連睡袋都沒睡過！儘管如此，他們兩人仍帶著八名視障人士一路登上吉力馬札羅山頂，並創下世界紀錄，他們也因此成為商業夥伴，並將公司命名為K2，凱文和克莉絲頓（Kevin and Kristen），他們的配偶及孩子也完全支持他們的工作。

然而他們所做的不僅是募款，我發現K2在坦尚尼亞有一個很棒的孤兒院，專門收容殘障兒童，我們可以自願在這裡做義工，除了能為這些孩子們服務之外，還包括登上吉力馬札羅山頂。對於凱文和克莉絲頓來說，這座山代表著這些孩子們為了生存或是能過正常而有意義的生活，所必須攀爬的更大的山：疾病、被遺棄、失明、貧困、缺乏教育資源的高山，而攀登這座山會是一項嚴峻考驗，也許會是我們這輩子做過最艱難的事，我和班都喜歡這個想法。

二〇一二年七月，我們前往坦尚尼亞，在那裡我們與十幾名來自美國的登山客會合，他們也是要跟著K2一起進行為期七天的登頂之旅；但首先，我們全部的人都在孤兒院裡當兩天的義工，幫忙打掃、整理花園和物件維修。這兩天很有趣，而且已經足以改變生命！義工活動提醒了我們，能幫助他人是多麼美妙，還有那些幾乎是一無所有的孩子們竟可以如此開心和充滿感激；對於能在這群了不起的孩子們的生活中發揮某種程度的作用，我們覺得深深感謝。

開始登山的第一天是艱苦漫長而美麗的，我們穿越了雨林，來到接近海拔三千零四十八公尺（原文為：約一萬英呎）的地方，但是當晚在山上大約半夜時，班生病了，而且病得很嚴重！他開始控制不住地嘔吐，有可能是因為他吃的東西，一些令人作嘔的瘧疾藥物，或者是脫水，我們並不清楚原因。

在一夜折騰之後，隔天早上我們原本想要繼續前進，但他一點也沒有好轉的跡象，他仍在嘔吐，雙眼發黃而且非常虛弱，我們才剛到達雲層上方的高度，但很明顯他必須要下山。

我們團裡其中一個挑夫原本可以帶他下山就醫，而我原本可以繼續登山，我本來的傾向會是繼續前進以達成目標。在那稀薄的空氣中，我看了看兒子，又看了看山頂，再看向自己的內心，我開始猶豫掙扎；然而，我想起了多年來一直在我個人榮譽典章裡，一條幾乎快被我遺忘的規範：「絕不拋棄需要幫助的隊友」，我決定帶班下山，我不會在此刻棄他於不顧。

當我們抵達山腳後，診所裡的醫療人員幫班做靜脈輸液來補充水分，經過十八個小時後，他感覺好多了。

我終於鬆了一口氣！

這個事件幫我上了一堂寶貴的課：學習如何真正當一個父親！我學到了我們人生的軌跡是由比高山更重要、更強大的事物所推動的，其中一項事物就是愛。山過了幾個世紀都還會在那裡，但我和兒子的關係在宇宙間稍縱即逝，若是沒有那條規則，我可能會在三千零四十八公尺（原文為：約一萬英呎）的高山上做出一個災難性的錯誤決定！（我們之後會再談論榮譽典章規則的重要性。）

我們回到了家，我心想我們爬山的日子已經結束了，沒想到幾個月後，班來找我說：

「爸爸，我想再回去吉力馬札羅山。」

「為什麼？」我問他。

「因為我沒有一天不去想那座把我打敗的山。」他的勇氣讓我引以為傲。

所以第二年的暑假我們回去了，第一趟登山之旅也讓我們學會了另一課：我們之前沒有足夠的時間去鍛鍊和準備自己，而這次我們準備好了，在二〇一三年七月三日坦尚尼亞時間上午十一點三十分，我們成功登頂、相互擁抱、流著淚開懷大笑，我們做到了！

我從背包裡拿出我一直帶在身上要給班的禮物，那是一個墜飾上有刻字的鑰匙圈，一面寫著：「吉力馬札羅山，二〇一二～二〇一三」，另一面寫著：「我們一起開始，一起結束！父留」。

當我把這個交給他時，我告訴他，我會永遠支持他。

那一天，我和我兒子以一種從來沒想過的方式重新連結起來。

沒想到一座山竟然能教導我成為一個更好的父親，山就是這樣子，你永遠無法預測它會教你什麼。我每次去登山，都會學到一些新的、關於自己和他人的東西。

這趟旅程也強化了這個想法，在我的課程中我一直強調這點，即若無團隊，很難完成宏大的目標，這點無論是在個人生活還是事業上都適用。然而，要達成目標、要使團隊產生凝聚力並向前邁進，需要偉大的領導力，學校並沒有教過我們要如何成為好的領導者，我們也很難找到優秀的榜樣；但是那些全心投入於領導統御的學生將會學到領導技能，並且成功成為優秀的領導者，而如果我們與他們往來，我們也會成為贏家，這本書將會告訴你怎麼做。

那天在與班一起下山的路上，我整個人都飄飄然，像個在玩具店裡的孩子一樣，這座山教會了我好多，我看著我們的嚮導——凱文和克莉絲頓，帶著由各行各業所組成、相對沒什麼登山經驗的團體，安全地攻頂再返回，我意識到這趟旅程提供了在大多數領導力課程裡少見又令人驚奇的訓練。

他們到底是如何讓我們這些「平地人」和登山新手安全地爬完這座世上最大山脈之一的吉力馬札羅山？而我要如何在自己的企業團隊裡實現這樣的神奇魔力？

「你們是不同類型的老師。」我對凱文和克莉絲頓說，「我很想再回來，並且帶一些我的朋友、同事和培訓課程的學員一起。」

他們非常喜歡這個想法，我們稱之為「高山領導力體驗（The Mountain Leadership Experience）」。

在接下來的七年裡，每年我都會帶著數十位在世界各地培訓課程中招收而來的商業及專業人士，回到吉力馬札羅山。

做為一個團隊，我們每個成員都同意一套規則，目的是為了在登山的過程中保護自己和整個團隊，同時我們也承諾要服從嚮導凱文及克莉絲頓，對於達成目標而言，嚴守規則是決定性的關鍵。

二〇一九年七月，在我第九次登山時，受到了領導原則的考驗。我們的團隊到達了科索沃基地營，當晚在此紮營，並準備隔天攻頂。

二〇一九年七月十一日
午夜時分
科索沃基地營
前往山頂及史黛拉岔路口的前晚

我帳篷的尼龍布被時速八八・五公里的狂風吹到拍打作響，震耳欲聾的聲音讓我無法入眠，但即使在無風的情況，我可能也還是會醒著。

在要攀登至吉力馬札羅山頂，垂直高度只剩七百六十二公尺（原文為：約二千五百英呎）的前一夜，我通常都會失眠，部分原因是因為我既好奇又興奮，恐懼也是其一。

這裡空氣稀薄，稀薄到缺氧有可能會危害到生命安全，高山症的早期症狀包括失去方向感、倦怠、頭痛和反胃，若不留心這些警訊，你可能會失去知覺並陷入昏迷。每年有少數人在攀登吉力馬札羅山時死亡，若考量到每年有四萬名登山者試圖完成這趟旅程的話，其實死亡人數並不算多。

但是我曾親眼見過嚴重高山症的登山者，嚮導和挑夫通常必須幫助他們，甚至扛他們下山。他們看起來很糟糕，真的糟到像是被車輾過，甚至看起來像殭屍一樣。

今晚我感覺有點反胃和輕微頭痛，也許沒事，但我還是謹慎行事，多吃了一顆高山症的藥丸——丹木斯（Diamox），這可以幫助我的身體排出二氧化碳，並增加血液的含氧量。

我還服用了止吐劑，我從來沒有服用過這種藥物，但似乎有效，於是我逐漸入睡，邊睡邊感受著山的力量和威嚴，以及周遭的惡劣天氣，但是我睡著的時間不長，我再度醒來時是清晨兩點半。

再過半小時，登山嚮導就會把我們團隊裡其他幾十名登山者喚醒，於是我乾脆起身著裝。

／我該穿著我的吊帶雪褲嗎？／

我開始著裝，這項任務在這種海拔高度大約需要耗費二十分鐘的時間，厚羊毛襪、厚靴子、保暖內衣、絲質襯衫、吊帶雪褲、輕量「蓬蓬鬆鬆」帶帽兜的羽絨夾克、一頂有登山頭燈的保暖帽以及一件防水連帽外套。

「早安！」凌晨三點，其中一名挑夫在我帳篷外準時地喊著，「該起床囉！」

「我起來了！」我回答。

幾分鐘之後，我爬出像保護繭的帳篷。天空晴朗無雲，我屏住了呼吸，不是因為天氣太冷，而是因為滿天繁星！

這座山將你和宇宙連結在一起的方式是其他制高點所無法比擬的，它超乎驚奇，已經到了靈性的程度，這也是我一直回來的原因之一。

除了正在準備今日行程的十幾名登山客的頭燈光線之外，營地一片漆黑。我現在感覺好多了，一定是藥物發揮作用的關係。

這次一定會是最棒的登山經驗，我已經準備好要出發了，我走向餐飲帳篷想吃點熱粥。

「嗨，老闆！」辛噶（Singer〔Singa〕）說，他是挑夫之一，與我同姓，姓氏拼法也一樣，但是唸成「辛噶」。

這種海拔高度對他和其他挑夫來說，他們都已經非常適應這種稀薄的空氣了，這裡空氣的含氧量只有海平面空氣含氧量的一半。他們幫我們扛著大部分的裝備，包括帳篷、用品和五加侖的桶裝水。

早餐過後，我試著要解大號但沒有成功，**很奇怪**，我希望穿著吊帶雪褲的決定不會給我帶來麻煩。我們團隊在清晨五點準時出發。

克莉絲頓在團隊最前方帶頭，凱文墊後，我走在克莉絲頓後方的人群裡，為了適應海拔高度，我們前進地非常緩慢。

休息步……壓力呼吸……休息步……壓力呼吸……

這個過程是刻意而緩慢的節奏，每幾秒鐘重複一次。壓力呼吸是一種強烈吐氣的動作，可以幫助排出我們體內的二氧化碳，進而增加血液中含氧量，這對新手而言是非常不舒服的，但每個人都努力跟上。

我們前進的速度每小時不到一．六公里，這樣的速度大約是一般人走路速度的四分之一到三分之一，而且在上山路段我們每五十到六十分鐘會休息一次，過程很辛苦，非常艱辛！我的小聲音已經要發瘋了：「我可能辦不到，我的腿已經要廢了……」

在第四次休息之後，我又開始覺得不舒服了，頭暈目眩、大腿肌肉僵硬、沉重、精疲力竭。

但是史黛拉岔路口（Stella Point），也就是第一個山峰處，只剩下二十分鐘的路程，我知道我做得到。

史黛拉岔路口——上午十點

我們到達了史黛拉叉路口，距離最高峰只剩下垂直高度約二百一十公尺（原文為：六百八十九英呎），挑夫們送上他們辛苦為我們扛上來的熱茶。

我仍覺得頭暈目眩，不過好一點了，我知道我做得到。

克莉絲頓在隊伍裡忙著測試每一位登山者的血液含氧量，她來到我身邊，在測試完我的數值之後問：「你感覺還好嗎？」

「不算太差。」我回答。

「你再吃一顆二百五十毫克的丹木斯，幾分鐘之後我會再過來幫你測量一次。」

我遵照指示，因為她是領導者，她是我們的高山嚮導之一，而且當她用深褐色、深邃且銳利的眼神看著你時，你會知道她是認真的。她受過野外急救員的訓練，當其他登山者遭遇困難時，即使他們不是她的隊員，她和她的合夥人凱文都會在第一時間伸出援手。只要涉及安全和健康的問題，她不會開玩笑，她的話就是法律！

當你在美國亞利桑那州斯科茨代爾（Scottsdale）的街上看到她時，你絕對想不到她是以幫助別人攀登一些世界最高山峰維生。克莉絲頓很迷人、笑容爽朗、身材健美，她的金髮常常往後綁成一個馬尾。過去這二十五年來，她建立並經營自己的非營利機構，幫助世界上特殊需求兒童及家庭，所以她在K2傳承這樣的傳統也不意外。

幾分鐘之後她回來再幫我檢查了一次，她的眼睛瞪得跟牛眼一樣大，她立刻下達命令要我下山，於是……

我和阿里開始狂奔下山。

大約一個小時後，我們抵達科索沃基地營，我已經筋疲力盡，拿了點東西喝，然後坐下。

我因為離開了團隊而感到難過，支持團隊對我來說一直都很重要，但同時我不會去質疑克莉絲頓的決定，她很清楚自己在做什麼。

回到我的帳篷後，我還是覺得昏昏沉沉，感覺腦袋腫脹，於是我檢查了一下血氧量，我的血氧量竟然還在下降！

／我的天哪！我必須離開這裡，否則我性命不保。／

我脫下了外衣扔進登山包裡，阿里把所有的配備甩上他的肩膀，然後我們兩個以高速拔腿往山下飛奔。

我的頭現在感覺腫得跟卡車一樣大了。

將近兩個小時後，我們到達了海拔三千六百五十八公尺（原文為：約一萬二千英呎）的千禧基地營（Millenium Camp），我再次檢查我的血氧量，終於上升了。

／謝天謝地！／

我狂飲了一些茶和一公升的水，然後躺帳篷裡，我睡了三小時，當我醒來後血氧濃度有再提升一些，我感覺好多了。

當團隊攻頂後返回基地營時，我已經幾乎恢復正常，但是仍然花了我幾週的時間才完全復原。

我對於無法登頂的失望可想而知，然而如同我之前教導過的，**領導力並非每次都要到達顛峰**。

這是與你所相處的人或團隊有關，是關於彼此幫助——是在過程中學習，能改變人生的課程，那些景色、人物、機會、洞察力和關係，這些都會永遠伴隨著你。這是關於旅程的，雖然遭遇挫折，這次的旅程仍然是最棒的。學習何時該放下身段，並信任那些領導我的人，這是在我自己領導力發展過程中重大的一課。

當我返家後，我去找了醫生幫我做一系列的檢查，但並沒有發現身體上有任何問題，我的血氧濃度下降是不是因為我所服用的止吐藥物？還是因為太勞累，或是便祕的關係呢？還是單純因為年紀大？畢竟我現在已經六十幾歲了（噓～別告訴別人）！我身材保持得還不錯，但是我登山的日子是否宣告終結？

當我試著想搞清楚到底發生什麼事時，這些問題還有其他的事一直在我腦海中翻攪，我唯一敢肯定的是克莉絲頓下達了一個正確的指令，她和凱文所制訂的規則是建立在穩當有效的領導力之上。當我詢問克莉絲頓為什麼我這次會失敗，她說得很清楚：「你違反了規定！你在沒有詢問過我之前，就擅自吃了以前從未服用過的藥物！」我會在後面的章節來談論更多有關規則的重要性。

規則可以保護我們不受自己的影響，我們大部分人都會害怕在自己的私人領域或事業生命上失敗，所以我們會把自己逼上絕路，有時候不只會危及到自身安全，也有可能危及到我們周遭的人。企業家常常會犯這樣的錯誤，當他們生意開始衰退時，他們往往不知道什麼時候該承認失敗，只會不斷投入金錢、時間和精力在失敗的生意上，最後一敗塗地，而且當他們看著周遭的團隊、家人和自己所遭受的連帶損失時，感覺更糟。

請記住，即使到達山頂也只是路途的一半而已，而且這是可以選擇的，能安全地下山回到家人、朋友身邊和回到社會群體裡才是最重要的！

好的領導者要能認知到失敗是取得最終成功的必要元素！有的時候他或她必須放下某些東西，讓事情能繼續前進。要停損，從錯誤中學習，然後無論是做個脫胎換骨的改變，或是東山再起都行。

NIKE（耐吉）公司合夥創辦人之一的菲爾．奈特（Phil Knight）說，在我們企業的世界裡：「孕育出一種永不放棄、絕不中途而廢的道德觀，而事實上，有可能放棄才是真正最明智的選擇。」（截取自其著作《跑出全世界的人》（*Shoe Dog*）

要學到這些教訓不容易，特別是對像我這種追求成就的人而言。那天在山上，我並沒有質疑克莉絲頓的決定，而現在我很高興當時並沒有這樣做，否則我現在可能寫不了這本書了。

我當然還是會再回去爬山，因為我是個不輕言放棄的人，無論下次攀登成功與否，我很確定一件事：我會從這次經驗中學習，會心存感激地與全世界了不起的人分享這個經驗，也是為了下次我能再度回去學習新的寶貴課題。

就像我之前提到過的，登上山頂不是目標，每一次七天的旅程都是我整個人生最強烈的縮影！這是個教導你如何成為一個更好的人、更好的領導者的旅程。

那也是這本書想做到的事，教導你精彩絕倫的課程，讓你能使你的團隊、家人和特別是你自己，登上任何你想要的高峰、夢想及目標，我稱之為「顛峰領導力模式」。

而我第一個要問你的問題是：「你是哪種類型的領導者？」

你準備好要接受挑戰嗎？想了解更多關於實際的高山領導力體驗，請洽詢：https://www.mountainleadershipexperience.com

「領導力與頭銜、職位或流程圖無關，而是一個生命影響另一個生命。」

——約翰・麥斯威爾（John C. Maxwell）

Chapter 2

你是哪種類型的領導者？

顛峰領導力模式的運作方式如下，我們從山腳下開始我們的首要任務——簡單來說，就是釐清目標或山峰。當我們還在山腳下時，我們要將原因定義清楚，明白自己以及團隊的價值觀，確立我們的規則及榮譽典章，招收最精良的團隊成員，最重要的是訓練和為登山做好準備。

當所有這些事情都做完之後，我們才會開始執行登頂之旅。有些人喜歡急忙完成這些步驟、抄捷徑，迫不及待想要完成目標，我和班在第一次登山時有點類似這種狀態，我們當時並沒有足夠的時間為像吉力馬札羅山這種具有挑戰性的健行做好充分準備，所以我們並沒有成功登頂。

身為領導者，你的工作就是要確保你自己和團隊做好充分準備、充滿動力，以及受到啟發鼓舞要來登頂，無論那個頂是什麼。所以我才會問，你是什麼類型的領導者？

當大部分人被問到他們是什麼類型的領導者時，他們會立刻思考自己是「好的」，還是「壞的」領導者。然而當我思考到有關領導者時，浮現在我腦海的並不會是這兩種類別，一個好的領導者有可能遭遇不好、不順的時機，一個壞的領導者也可能歪打正著、一帆風順……但僅止於曇花一現。

有些人懂得吸引大眾注意力、有好的外在形象、個人魅力和懂得鼓舞人心，就自稱為領導者；但是他們沒有真正的團隊，他們有粉絲甚至是崇拜他們的人，但沒有人會願意做出犧牲和接受挑戰，你們可以在 Youtube 和社群媒體的世界中找到這種領導者。

還有一些人，他們或許不具備上述條件，但擁有一群忠誠、堅定追隨的團隊成員，就算要去海角天涯也會全力以赴完成任務。

這本書正是關於後面提到的這種的群體，為何這麼說呢？因為我沒那麼有魅力，也沒那麼聰明，但我可以仿效我在吉力馬札羅山所觀察到的，回顧我的人生，任何我所做過的美好事情，或是任何我所擺脫的惡劣困境，都不只是靠我個人，而是要歸功整個團隊！

我們現在先來討論一下團隊，因為現今對於團隊的定義可能與以往不同，所謂團隊，是指一群人為了共同的目標和任務而聚集在一起，他們會按照共同的規則和程序來達成任務，他們可能有某種特定的穿著方式，有某種特定的說話方式，並且擁有一套特定的核心價值，團隊裡的某些成員可能是員工，有些也許是志工。舉例來說，在我的機構裡有些頂尖的業務其實是我們的客戶，而他們也成為我們團隊的一員。

身為企業家，首先你在這個世界裡要建立一個群體，然後有很大的程度是要透過社群媒體去分享你正在做什麼、你是誰，以及為什麼你要做這個。有些在這個群體裡面的人最終會成為你的客戶，他們會向你購買產品，然後在這群客戶當中會有一部分的人成為你團隊的一員，這是什麼意思呢？

意思是他們有些人可能會想要幫你銷售產品，有些人可能會想要與你一同創造智慧財產權，或是與你建立合資公司，這些人就會是你團隊的一部分，然而他們不是你的員工，他們有可能是抽佣或是獲得分潤。無論如何，他們在跟你打交道的時候仍是按照規則行事，他們重視使命並且遵守榮譽典章，這就是將他們凝聚成團隊的原因；能將團隊凝聚起來的不是靠金錢，而是使命、榮譽典章，以及你所做事情背後的目的。他們能成為一個團隊，在某個程度上，是因為他們覺得自己是一個比自身更宏大事物的一分子，他們覺得接受你所提出的挑戰，會讓他們體驗到最好的自己。

就像是在吉力馬札羅山上，沒有人付錢給我們去攀登這座山，我們是自己花錢而且必須取得資格，才能得到這樣的體驗，所以這些在山上所學到的課程才會這麼震撼人心，因為這些課程是專門設計給選擇要去那裡的人，也才會得到最好的效果。

當人被放在正確的情境或環境，並且給予他們找尋出路的工具時，他們就會有驚人的能力，這正是我們的嚮導凱文和克莉絲頓所擅長的，他們創造了一個情境（登山），沒有工作坊、沒有傳道說教，沒有時髦的口號、書籍、播客或研討會，但他們不僅讓探險隊的所有成員脫胎換骨，同時也對改變坦尚尼亞發揮了重要的作用。

我前面提到關於克莉絲頓的事情，現在我要來談談凱文，他是我們另一位嚮導，也是探險隊裡的領導者。凱文成長於美國賓州（Pennsylvania）匹茲堡（Pittsburgh）的一個堅強的義大利裔家庭，他的祖父是堅忍不拔的典範，他祖父在小時候就因為被火車輾過而失去了一條腿，但這件事並沒有讓他祖父因此消沉沮喪，他這輩子都穿戴著義肢過生活。

事實上，凱文的祖父是激勵他將每項挑戰都視為冒險旅程，而且每個目標都有達成可能性的人！他告訴凱文，「人」分成了三種：第一種是裹足不前、從未開始的放棄者，第二種是只會停留在原地的露營者，第三種是願意冒險和承擔風險的登山者。

在經歷過因打籃球造成背部骨折的辛苦大一生活，凱文和朋友花了一點時間到西部旅行，並且決定挑戰攀爬美國奧勒岡州（Oregon）的胡德山（Mt. Hood），一九八八年的第一次登山活動讓他看到一種新型態的團體運動，這讓他感到熱血沸騰、深深著迷，於是現在他成為了登山者。

凱文真的是一名登山高手，雖然個子不高（他身高大約一七四公分），但他的聲音粗獷而堅定，能讓你專心聽他說話，而且能激勵你挖掘內心深處。我認為他一半是人一半是山羊，他在空氣稀薄的高海拔山區還身手矯健、動作敏捷，已近乎傳奇！他已經攀登過吉力馬札羅山五十多次了，也曾登上聖母峰（Mount Everest），他幾乎爬遍了全世界所有主要高山。在尼泊爾、祕魯，當然還包括坦尚尼亞，他已經是公認的登山權威，除了他的登山生涯之外，他也曾經在斯科茨代爾當過學校老師，在山上所學到的課題也激勵了他的學生去成為最好的自己。今日，他的非營利工作和讓他人了解山的神奇魅力就是他的全職最愛。

為自己選擇正確的環境並追求能改變生命的目標，這些就是領導者能做的事，而凱文和克莉絲頓就是最棒的例子。

如果你是企業主、父母親、教練或是任何一個帶領團體實現目標的人，而且你已經選擇要帶領他人，那麼我認為重要的是要捫心自問，你想要成為怎樣的領導者？在業界，我常見到兩種類型的人，這兩種都是強而有力的領導者。

第一種是神力女超人（Wonder woman）。

她是傳奇人物，無所畏懼、強壯有力，能躲避子彈及炸彈。其他的人驚訝地看著她在炸彈爆發、子彈橫飛的戰場上奔馳（你們曾經歷過這樣的一天嗎？），部隊受到她的鼓舞，甚至被激勵自願衝鋒陷陣。她是表現型的領導者，因為她的表現能激勵他人。

第二種是莉亞公主（Princess Leia）。

莉亞公主則是另一種截然不同的領導者，她沒有特殊的超能力或華麗的裝備，然而敵人最害怕的會這兩人其中的哪一位呢？

是莉亞公主！因為她具備了神力女超人所沒有的東西，她擁有反抗軍，即一支由來自銀河系的戰士所組成的團隊，他們聯合起來要對抗帝國，她的力量來自於建立一個團隊或聯盟，她的力量是在於能讓別人承擔責任、努力改進以達成集體任務。

這兩種風格都是有效的，然而，神力女超人沒有辦法讓你攀登上吉力馬札羅山，除非她把你扛上去（而她也做得到）。

在你生活中，有哪些地方會讓你試圖想成為神力女超人、超人或其他類似的人呢？換句話說，有哪些地方是讓你想要藉由成為最頂尖、表現過人的佼佼者才能帶領他人？

也許你已經達成驚人的成就，實現你所有的目標，而且其他人會受你激勵而變得更好，期待他們自己能趕上你；與其說是真正的激勵，倒不如說他們可能把心思精力都花在尋找能讓他們交差了事的方法。

如果你想要散播一個訊息，將你的想法傳達給全世界，你可以選擇這麼做。然而，當需要去完成一個比你更偉大且需要他人協助的任務時，我認為雖然莉亞公主的領導模式比較困難，但卻是個更好的模式，更好的意思是這種模式有深度、厚度且實在，而其困難度是在於要驅動一群人朝向共同的目標邁進。

分裂者還是團結者？

我朋友羅伯特．清崎指出了另外兩種類型的領導者。當談論到領導力時，你是分裂者還是團結者呢？拉丁語 divide et impera（拉丁語的意思是「分裂」和「管理」）的概念最早是尤里烏斯．凱撒（Julius Caesar）為了征服高盧人（Gauls）所使用的策略，這種策略是藉由在敵方陣營裡挑起爭端，以便讓你更容易征服他們，然後再藉著保持他們的分裂以持續擊敗、占領對方，請注意這個手段是用來分化你的「敵人」，在軍事運用上，領導者會讓自己的軍隊保持團結一致。

提到這兩種類型的領導者，我們會想到凱撒大帝和傳奇人物匈奴大單于阿提拉（Attila the Hun），他是四世紀初中歐和東歐部落帝國的領袖，而且被認為是世界史上最強大的統治者之一。

一般來說，要做到分化、讓人起疑、挑撥離間和讓族群互相對立很容易，而要使一群人團結一致朝向共同目標邁進則困難許多，請想想林肯（Abraham Lincoln）、馬丁．路德．金（Martin Luther King），以及約翰．甘迺迪（John F. Kennedy）曾經面臨的挑戰。

目前關於領導力，聲量和能見度最高、最駭人的例子就是政治人物。近年來，他們似乎非常依賴這種分而治之的觀念，如果他們愈是能讓敵對陣營產生內鬥，就愈容易贏得連任或是通過法案，但是他們並沒有將分化這種手段僅限於用在對立的政黨，他們選擇在自己的群體中劃分派系，再這樣下去總有一天，團結一致的理念會消失在現代的辭彙中。我的意思並不是指分而治之不是個強而有力的領導策略，但是如果涉及到我們的企業、家庭、社區或生活時，大家都會期待和要求要變得更好，可惜的是要做到團結是非常困難、非常耗費心力。

莉亞公主所做的事情就是讓大家團結一致，這也是像馬丁・路德・金和約翰・甘迺迪這種偉大領導者所做的事，即去創造一個共同的願景，並且激勵他人和你一起達成。領導力也是關於帶領他人互相溝通，為了團體的利益而自由地表達意見，不用擔心會有負面影響。領導者最優先的要務就是要打破藩籬，在共同使命下將組織團結起來！

在暢銷書《徹底坦率》（*Radical Candor*）中，作者金・史考特（Kim Scott）敘述了英特爾（Intel）前執行長安迪・葛洛夫（Andy Grove）談論史蒂夫・賈伯斯（Steve Jobs）的一段故事，（以下是經過我的轉述詮釋）「史蒂夫・賈伯斯一直都是做對的事，但這不代表他一直都是對的，他一直都能正確判斷情勢，是因為非常堅持要別人告訴他真相，並且給予他實際能用的建議回饋。」

史考特談到關於蘋果公司的另一件事情是，至少是賈伯斯還在的時候，蘋果的員工各自都有特定負責的事務，但他們沒有溝通上的屏障，有人可能負責 iPhone 上的玻璃，有人可能專注研究螢幕的外觀，另外有人可能研究整體的設計，但是所有人也是用某種方式一起合作的。

要成為團結大家的領導者必須具備一定程度的勇氣——必須具備開放的心胸傾聽團隊意見，即使這可能與你所相信的事實背道而馳。在你的日常生活中，你是把人聚集在一起，還是把他們分開？你是否在迴避令人為難的事實，與人個別私下討論，以及在他人不在場的時候討論他人？你是否長期保持著富足的心態？你是否期望透過團隊誠實公開的溝通與合作來解決問題？要將一個內部有衝突的團隊團結起來是非常困難的，特別是當你還沒學會怎麼做的時候，而且在這過程中可能有人會討厭你。

團隊並非快樂的營隊——大部分時候，團隊是個極度惱人的麻煩事，這就是為什麼創業公司的平均規模是三個人，人愈多，複雜度愈高，意見也愈多，這樣也就愈難把人凝聚在一起。然而，高績效團隊的真正指標是他們願意把心裡話都說出來，包容不同意見，而且不會太情緒化去看待事情。

多年前，我曾經營過一家航空貨運公司，有大約三十名員工，我們遭遇過一次又一次危機，公司內有許多爭執和怨言，「不行，我們不能這樣做，我們不能那樣做。」但是最後，所有任務都完成了！結果是我們完成一次又一次的奇蹟，那是因為我們非常團結一致。

我們能團結的成功祕訣之一是我稱之為「停車場對話」的技巧，當某人被別人激怒，感到不滿時，他們是不被允許將這樣的情緒帶到工作場所，他們必須與需要溝通的對象一起到外面的停車場，把問題解決，我在停車場最邊緣的垃圾桶旁邊設置了兩張椅子，就是為了這類的對話。在對話的人之間，你必須說出實話，然後你一言我一語地這樣來來回回，直到達成某種解決方案。

而在我的教育訓練企業中，情況有所不同，我的教練群遍及全球，即使有了Zoom視訊會議的出現，「停車場對話」也難以實施，畢竟沒有什麼其他方式比直接面對面的溝通更有效。而且我還發現在教育訓練產業裡，大家的臉皮都比較薄，不喜歡當面對質，所以當我為了某件事當面質疑某個人時，他們常會變得很生氣，或者是即使我更清楚情況，還是有人會質疑我的時候，我也會生氣，而這只會扼殺生產力。

遇到這種情況時，我必須後退一步，然後提醒自己我是領導者，我是否能在這個衝突中放下自我意識，我是否能真心聆聽，而且相信在一天結束時，每個人都想要把事情做好？我能成為團結者嗎？

你們之後會學到，我們在吉力馬札羅山及在我的培訓學院的價值觀之一，即我們是以一整個團隊的方式來運作的。

多年前，曾經有位來自墨西哥的先生加入了我們的團隊，他是一位企業家也是律師，不過我不得不將他逐出團隊兩次。因為他無法信守承諾，他撒謊，還做了許多荒唐事，這個傢伙就是無法按照規矩行事，他以占別人便宜為榮，十足是個分裂者。

他渴望成為比自己更好更偉大的人，他想要能具體展現出榮譽典章，所以我讓他再次回歸團隊後，他帶了一個團隊到吉力馬札羅山，我之後會再更詳細地描述整個過程。

總之，在那次的登山旅程裡，我和其他人都充分示範出一個團結的領導者該有的行為，而他終於理解了！那次的旅程將他轉變為一個很棒的領導者，自此之後，他的公司發展得非常好！他有一個現場直播的廣播節目，在墨西哥各地有數百萬人觀看，他和我有一家教育訓練機構，而他也站上過一些世界級的舞台。

身為團結的領導者，我們的工作並不是成為站在中間製造情緒問題的人，身為領導者，我們常常沒有意識到我們的行為和話語會影響組織分裂的程度有多大；而我們的工作就是要去教導自己和團隊，如何做到誠實坦率，如何熱烈地說出我們的困擾，而且仍然能達成有共識的解方。如果我們做不到這點，那麼問題永遠無法解決，意見分歧仍會存在，而你永遠只能為棘手的問題找到權宜之計。

情緒化地認為意見具針對性、容忍它造成傷害且無法克服，這些都是會讓團隊卡住的原因，於是每個人都如履薄冰、說話小心翼翼，只是為了讓團隊的每個人感覺良好。

《變革型領導》（*The Transformative Leader*）一書的作者阿米爾・加納德（Amir Ghannad）曾說過：「當涉及領導力時，硬性規定的東西容易做到，柔性的東西才是硬仗。」

領導風格

你會聽到很多人說領導者不是天生的，是後天培養出來的，一般而言，我同意這種說法；然而，我們大多數人天生就有、或是至少被形塑成某種特定領導風格的習性，那反映出我們的個性。

如果你有做些研究，你會發現坊間一些書籍和文章列出了有三至十項不等的頂尖領導風格，但根據我的觀察，有四種幾乎都會出現在每個清單上：獨裁者型、商人型、外交官型和改革者型。我們現在簡單看一下每種風格類型。

獨裁者型的領導風格基本上是要嘛聽話，要嘛快滾！你要不就按照我的遊戲規則，要不就別玩，守規則很重要，絲毫沒有討論的空間。優點是把事情做好！問題點在於其他人不敢有異議，所以不敢讓你知道真相，而你最終會錯過關鍵性的回饋，在吉力馬札羅山上，所有規定都是為了確保我們的安全，規則也能確保你企業的安全；但是如果規則太嚴苛，或根本就是錯誤的規定，那麼就會扼殺掉創新和創造力！

商人做交易是為了保持和睦以及把事情做好，你幫我，我幫你，互謀其利。對商人而言，每個人都有自己的工作計畫和自身利益，所以要讓團隊順利運作，在某個程度上就是去滿足這些私利，為了達到這一點，商人型領導者會為了換取團隊成員在其他方面的合作，而對他們的服從做出一些補償性的交換。「只要你保持你的銷售業績，我可以讓你不來參加一些業務會議」，換句話說，我可以給你這個，但是你要給我那個做為報償。優點是有大量互動及滿足需求，問題點是造成偏心，容易讓團隊成員分化成小團體，而逐漸造成混亂。

外交官型的風格是強調經過每個人同意、相互合作及和睦相處一起工作，決策往往是共識，關鍵是要經過每個人同意，這種領導風格會獲得很多支持，但是當團隊無法快速取得共識時，往往會拖慢事情的進度。優點是最終可以得到大量的協議與團隊的和睦，深受喜愛與尊重，問題點在於讓全體成員參與、同意和採取行動的過程十分緩慢，由於缺乏技能或經驗，許多成員並不具備做某些決定的資格，或是提供過多意見。攀登吉力馬札羅山就不適合這種風格，當你只有七天的時間而且必須安全地登山和返回，就不可能有時間去爭論該怎麼做。

改革者型的領導風格，顧名思義，就是期望藉由啟發團隊成員為了更好的自己而採取行動來改變行為，或是首先要專注在任務上，第二是團隊的需求，再來才是個人需求。改革者型的領導者能讓人變得比他們自己所認為的還來得更好，優點是會有一群忠誠且全心投入的團隊成員，他們會為了長期任務的成功而犧牲掉短暫的輕鬆舒適，問題點是要做到啟發他人，需要具備技巧、誠信、經驗，以及堅韌、同理心和熱情的奇怪組合。

以上每一種領導風格都行得通，最有效的領導者是熟悉所有風格，並會依據情況而對他們的領導風格做出調整。然而，我認為真正偉大的領導者是那些選擇成為改革型領導者的人，他們不僅希望自己成功，也希望他周遭的每個人都能成功！

特別是對於那些與資本雄厚的大公司一起競爭人才的創業者來說，由你來面試並且決定是否雇用員工的日子，確實已經過去了！現今，優秀的應徵者同時也在面試你，並決定是否要與你一起共事。「我為什麼要加入你的團隊？」有時候這是個棘手的問題，這不僅是錢的問題，你是否有能力啟發他人，讓他人看見他們可以成為比自己更偉大事物的一部分，這就是你能否吸引到「夢幻團隊」的原因。

莉亞公主正是改革型領導者，她並沒有承諾跟隨她能得到名利或財富，但如果你願意追隨她踏上推翻帝國的旅程，她承諾你及你所愛的人的生活會變得更好。

吉力馬札羅山展現了一個改革型領導力的過程：將來自世界各地的普通人變成一個團隊，把全部人平安地帶到世界上最高之一的山峰，然後讓所有人安然無恙地回到家，K2的領導力既簡潔有力又有效。

當我還在山上時，我不斷在想：「如果我能將這些原則和技巧應用在我的事業及生活上，成果一定相當驚人！」

做為改革型領導者，要打造優秀團隊的步驟有哪些？你要如何井然有序地與一群可能技能平庸的團隊一起努力奮鬥，並達成充滿危險的重大目標？

身為一個長期鑽研領導力的學生，我研究過偉大卓越的領導者、跟偉大卓越領導者一起共事過，也被偉大卓越的領導者挑戰過。而至今日，我仍然會問，是什麼能讓一個人變成偉大的、能鼓舞人心的領導者？

我判斷這一定跟領導者的某種「生命本質」有關。湯姆．史普納（Tom Spooner）是一位退役的美國陸軍三角洲特種部隊（Delta）隊員，已完成十次阿富汗任務的他提供了清楚的說明，我們都同意帶領大家需要勇氣，然而什麼是勇氣？你因為某種令人難受的情況而與老闆對質，這毫無疑問的是一種勇氣，但當我詢問他這個問題時，他反問我為什麼這麼問，我告訴他，我經常在想，如果我被敵人炮火襲擊，我會怎麼做，我會逃跑嗎？會躲起來嗎？會不會被嚇到僵掉、動彈不得？他微微一笑對我說：「勇氣不是虛張聲勢的逞強，勇氣是當你被嚇到魂飛魄散、走投無路時，你仍然向前邁進！」哇！

但我對此仍然不確定，後來湯姆出席了我所主持的一個領導力課程，有一次我在所有學員面前指導一位年輕女性，讓她模仿馬丁．路德．金的著名演說，我一直逼著她，試圖激發出她的力量，她身體在發抖，雙眼流著淚水，可是她仍然持續演說，這時湯姆悄悄地靠了過來，小聲地對我說：「布萊爾，你看到沒？那就是勇氣！」

在接下來幾個月的時間裡，我和這群學員進行了更多的課程訓練，在其中一次訓練中，我被要求走上柔術墊進行搏鬥，我這輩子從來沒打過架，這個經驗改變了我的生命！我被打到筋疲力竭，甚至連手腳都抬不起來……但是我內在有個東西一直支持著我繼續奮戰。

在吉力馬札羅山上，當身體、精神和情感的力量全部消失時，有些人會放棄，但對於另外一些人來說，會有其他的東西開始發揮作用，也許是志氣，也或許如同湯姆所說的，是勇氣。吉力馬札羅山是一種生活中很少有人真正體驗到的經驗，那些曾經面臨過那種危險邊緣、那種毛骨悚然的恐懼、那種身體徹底崩潰卻仍然持續前進的人，就能理解那種他們永遠無須去談論的無極限，你可以感覺到他們從骨子裡散發出來有些東西不一樣，在他們自己的風格中，他們已經脫胎換骨，因為他們經歷過這個過程，而我們跟隨他們，是因為某種程度上我們相信自己身上也有這種尚未體驗到的偉大。

也或許這就是為什麼「高山領導力體驗」的震撼力會這麼強大，因為它會將普通人放置在那條改革突破的界線上，這也是為何每一個去過的人，回來都變成了更強大、更優秀的領導者，這並不是因為他們學到了什麼，而是因為他們變成了誰！

「我們選擇在這十年內登上月球，同時完成其他壯舉，並不是因為這些目標容易達成，而是因為它們深具挑戰！因為這個目標會促使我們重新整合並檢視自己的能力與技術。」 ——約翰．甘迺迪（John F. Kennedy）

Chapter 3

使命／任務

你的遊戲會玩多大？

對有些人來說，遊戲的規模就是早上起床，把他們的待辦事項做完，然後上床睡覺，就這樣日復一日，這就是他們的遊戲；這是個基礎程度、低風險、舒適的例行公事。

那麼請回答我：你的遊戲會玩多大？你的遊戲大到足以引領你及你的團隊脫胎換骨嗎？

有的人喜歡玩得更大，他們早上跳下床時，心中是有個無法一天就完成的目標或任務，這個目標或任務可能會有風險，絕對不會舒適輕鬆，但會是令人興奮的，這個遊戲能讓他們的個人發展有所長進，並驅使他們不斷向前邁進。

舉個例子，我喜歡保持良好的健康狀態，所以我經常運動，這是我的遊戲，我舒適的例行公事，但當我決定要攀登吉力馬札羅山時，特別是第二次攀登的時候，遊戲改變了，我的任務變成了登頂，我並沒有固守常規，我知道必須加強鍛鍊，更加努力地訓練，因為如果我沒有處於絕佳狀態，吉力馬札羅山的海拔高度會好好修理我！我的遊戲因此變得更大了。

所以當我問到你的遊戲玩多大時，我實際上是在問你的任務有多大？因為當你的任務夠大時，它不僅會激勵你，也會激勵到他人去變得更像他們自己一直希望能成為的人。

吉力馬札羅山從某個層面來說是比較簡單的，這個目標或任務非常單純明確：讓整個團隊成功登頂並且安全回來，很單純卻也很宏大！

然而這也是十分困難的，對K2而言，登頂只是重大任務的一部分，更宏大的使命是藉由登山以及慈善募款的收益，為世界各地殘障及被剝奪權利的兒童暨家庭提供醫療照護和教育。

我的個人使命是帶著正向積極的人（大部分是企業家）上山體驗那個最偉大、最棒的自己，以及將他們的領導風格劃分優先順序，整整七天他們會完全地從他們的事業和世界中抽離出來（沒有手機訊號），整個過程勞心勞力，並能從中學習更了解自己。

你必須要先擁有一個宏大的使命，不論是什麼，這樣才能驅使他人加入你的行列，邁向你的旅程！不過別嚇著了，宏大並不一定要是成千上萬的人、遍及全球和大量的資源，所謂的宏大是要能超越你目前所活著的框架，只要在你目前生活和事業所處的位置，以及你希望達成的位置之間，能創造出來一點緊張壓力的任何事物都行。

大多數的人都不明白，宏大的任務／使命能挑戰他們去達成原本無法達成的目標，也許你無法達到終極的目標，但我敢跟你保證，你的各方面都擴展了、變大了！你對於自己、你的團隊和你社群團體的影響力都變得比之前舊有玩法來得更大，你並沒有因為無法達成終極目標而失敗，因為你又向前邁進了一步，你進步了，而且你需要為這些成功而慶祝。

目標不是一切！關於這點我之後會再多談論一些，但是在吉力馬札羅山上，目標不是關於山頂，如果你的目標只放在山頂，然後發生了某些事讓你無法攻頂，你會把整件事情都視為失敗。然而，如果向前邁進的每一步都是一次成功，每天都是一種成功，而且你是百分之百地活在當下，那麼就不可能失敗，一切都是一系列不斷增加的成功。

小聲音破壞者

我們常常會因為自己的「小聲音」說不行而決定不要玩得太大，你們知道我所說的「小聲音」是什麼吧！就是剛才在你腦海裡說：「什麼『小聲音』」的那位，我們每個人都有小聲音，它們會小聲地對我們說：「你不夠好、不夠聰明、不夠苗條！別人會怎麼想？如果你失敗了怎麼辦？你是個魯蛇！沒有人會聽你的啦！如果……怎麼辦？如果、如果……」一定要學會管理這些小聲音，特別是當它們待你不好的時候！想要在生活各個層面成功的話，學會管好小聲音是重要關鍵。

在我的書《管好自己的小聲音》（*Little Voice Mastery*）中，關於如何讓「小聲音」安靜下來，我有更詳盡的解說。對我們大多數的人而言，成功之道就在我們左耳到右耳之間的距離，也就是我們大腦中的戰場。大部分人會聽著他們腦中沒完沒了的對話，而且他們會相信所聽到的一切，細節部分就不多加敘述，但所有的對話不一定是真正的你，而是綜合了你的父母、師長、傳道士、媒體、政治人物、朋友，以及無數的舊有經驗。當你有能力抽離自己，客觀地看待自己，並從第三人稱觀點去觀察這些對話時，就已經開始在管理小聲音了！

當你能意識到自己的小聲音，你便能控制它！你可以把這些負面的「如果……怎麼辦」變成正面。要知道，當你開始夢想一個更大的目標、更大的任務或完成任何超越你日常生活的事情時，小聲音便會開始啟動：「你以為你是誰呀？你不可以這麼做！你會讓自己看起來像個傻瓜一樣！沒有人會相信你的！你不夠聰明！你沒有足夠的資源！這是個笨蛋的夢想！這些東西是留給比你更偉大、更好的人……」聽起來是不是很熟悉呢？好消息是大部分的人都有這種小聲音，勇氣就是無論如何都向前邁進，當你這麼做的時候，世界就會以一種不同，甚至是一種神祕的方式展開，你至少會以倍數方式成長，最大程度會到你有可能吸引到超神奇的人，而且是如果你維持小規模所無法遇到的人，你可以做的就是允許自己擁有一個宏大的使命。

一個強大的人才招募工具

根據上述，看起來好像創造一個宏偉的使命是建立團隊的第一步，然而在我事業的早期階段，雖然我知道使命很重要，但我不怎麼相信，我只是想要我的公司能夠成為最厲害的企業，而且賺很多錢，聽起來是不是很熟悉呢？

然而在每個案例中，當我們開始成長和賺更多錢時，公司就會開始顯示疲弱跡象，為什麼呢？因為很顯然我們在任務的步調上不一致，在工作計畫上不同調，每個人要的東西都不一樣，有些人想要的是錢，有些人想要的是名聲，有些人只想要應付得過去就行。

令我驚訝的發現是，人們是因為各種不同的理由而加入我們並成為我們工作的一部分，我們甚至無法滿足某些人的需求，這種目標和任務的多元性會造成分裂和不同的陣營，而且最終會在組織裡形成撕裂。

我生平第一個大的事業是在這本書前面所提過的航空貨運業，總部位於美國加州洛杉磯，我當時有兩個合夥人，而且我們是依據自己的強項來分配工作，我負責的是業務和行銷，另外一位負責運輸部分，第三位則是做財務管理。剛開始時，我們似乎合作得還不錯，但除了建立一個賺錢的貨運公司之外，我們真的沒有其他的使命，於是當我們的生意開始興隆時，我們的合作關係也隨之動搖。

我建立這個企業的原因是因為我想證明自己有能力打造這種規模的企業，我想要創造一個被動收入的來源，好讓我能從事真心熱愛的事情，也就是教導他人如何成為企業家領袖。對我而言，建立這個企業，以及隨之而來的現金流是一種我能做得到這些的證明！

負責物流的合夥人建立這個企業是為了他自己的聲望，他想讓朋友對他另眼相看，他想在航空貨運業出名，還有另一個原因我晚一點會解釋。負責財務的合夥人建立這企業的原因，單純是因為覺得這會是個賺錢的好機會。

現在這三個理由看起來好像是一致的，但是當大事不妙，開始出現無可避免的問題時，當公司成長面臨到挑戰時，或是當客戶無法付款給我們甚至倒閉時……我們三人都各自回歸去檢視自己的目標，而不再去思考公司整體的利益。

財務合夥人首先開溜，他說：「這裡面撈不出油水，要賺錢太難了，我不幹了！」這讓我和物流合夥人苦撐著，勉強維持公司的營運。我的合夥人決定我們應該在舊金山設立分部，雖然這會耗掉公司剩餘的資金。他每個週末都會去舊金山，理應是去確保分公司運作順利。

幾個月後，有一天星期五晚上，我旅行回來正好降落在舊金山，所以我想順道去看一下貨運航站，結果我的合夥人並沒有在那裡，然後我問分公司人員他在哪裡，他們回答已經好幾個星期沒見到他了。結果是雖然他已婚並育有三兒，他竟然在舊金山還交了一個女朋友，舊金山分公司正好給了他一個很棒的理由，可以讓他每個週末去會見女友。可想而知，他必須離開公司，因為他的任務已經與打造航空運輸業務的任務不符。

到頭來，儘管這個貨運業的營運有其成功和風光的時刻，但還是終告失敗了，為什麼？因為領導階層的步調不一致，這間公司曾經有過的成就大部分是要歸功於我們的團隊，團隊裡大部分是薩摩亞人（Samoan）、東加人（Tongan）、墨西哥人（Mexican）以及非裔美國籍（African-American）的勞工，他們的任務是像個團隊一樣一起工作，並且接受倉庫地板上出現的任何挑戰，而且你們知道嗎？儘管我們的領導力薄弱、管理不善，他們每次都使命必達，而且不止一次將公司從災難的邊緣拯救出來！

我從這個由「我們一定會完成任務」的人所組成且工作勤奮的團隊中學到一個重要的教訓，我學到的就是任務從上到下都必須清楚明確，在這個案例中，團隊的使命感強大而領導力薄弱，也難怪必須付出一些代價。

我是如何幸運地在自己無能的情況下，吸引到如此優秀的團隊呢？這部分我會在下個章節中說明。

很顯然，步驟一是要有一個簡單明確的任務，這會讓每個人保持一致和專注，然而直到我與從美國海軍陸戰隊退役的現任國會議員傑克．貝格曼（Jack Bergman）談話，我才了解到任務的重要性！在他的軍職生涯中，有段時間傑克負責的是海軍陸戰隊的招募工作，我問他：「你是怎麼招募到十八到二十五歲的年輕人，把他們放到危險的地方，付他們微乎其微的酬勞，把他們操練到極致，還能讓他們如此忠誠？」

他回答說這並不難，他說海軍陸戰隊發現這個年齡層的人想要成為比他們自己更偉大事物的一部分，某個確實的、他們可以相信的、不會變來變去的東西，而且他們十分願意去經歷一段能幫助他們變得更偉大更好的旅程。

你的組織是這樣做的嗎？

吉力馬札羅山的任務非常明確，每個登山者在攀登的前幾個月都會問自己：「我要成為怎樣的人才能登上那座山的頂峰？」

將你國家的國旗或是企業的旗幟帶到山頂上展開，然後用照片或影片展示給其他人看，這已經形成一個傳統。能引以為傲的成功登頂絕對是值得慶祝！而你身為你團體的代表到達了山頂，是非常具有紀念意義的。

然而，對我團隊的每個人來說，還有另一件事在推動著他們，當你體驗到清晨從山崖峭壁和岩石中冉冉升起的水氣，當你看見滿地的冰晶像成堆的珍貴鑽石，當你看見巨大的冰川在陽光下像皇冠上的珠寶般閃亮耀眼，你會感受到一種歸屬感，比你自己的事業更大更重要。

我將會在後面的章節更深入地討論招募到合適團隊的重要性，但是現在要請你先理解，你的任務／使命會是你招募人才最強力的工具！

假設你正在面試兩個人，你問他們為什麼想要與你共事（順便一提，這對承包商以及潛在團隊成員來說都適用），其中一位回答：「我覺得我適合這裡。」另一位說：「我真心想要成為比自己更宏大事物的一分子，如果我在這裡工作，我的工作能力等各方面都能更上一層樓。」

第二位應試者有意願玩得更大，對於任務他們能理解也能認同，他們並不會只想拿錢辦事或適應環境，而是想對公司或是對他們周遭的世界有所貢獻，他們並不是只想丟個小石子到小河裡，看看能激起多大的漣漪，而是想投下一塊磚頭以創造出浪潮。

這兩位你想選哪一個？

當你帶著使命領導團隊時，你會吸引到不願安於現狀、不願平凡無奇的應徵者，歸根究柢，你還是會希望每個人是出於正確且類似的原因而與你共事。

重要意義

並非每個人都需要著手進行改變世界，對於獨資企業家而言，一個宏大的任務可能是將自家產品藉由社群媒體推廣至全世界；對於父母而言，可能是將桀驁不馴的孩子培養成能讓世界有所不同的優秀人才；也有可能是承諾要將你的團隊在你專業領域中，打造成最強最傑出的團隊。

「宏大」指的不一定是數量、金錢或廣度，對我而言，只要試著像史蒂芬·賈伯斯（Steven Jobes）曾經說的，用你自己的方式「在宇宙間留下一絲痕跡」，讓宏大的目標激勵你，而不是嚇到你。

你的宏大使命是什麼？

我相信大部分的人都有使命宣言的概念，但為了確保我們的想法步調一致，我們先簡短講一下一個強大使命的關鍵要素。

簡單來說，使命宣言就是一個關於你做的是**什麼**事、你的公司**為何**而存在，以及你所珍視價值觀的簡短陳述，也就是你在做什麼以及為何而做的總結，而從事這項工作能突顯你所認為重要的價值。

你的「為何而做」流露出支撐你事業背後的火花和熱情，你的價值觀則顯露出你產品或服務的價值所在，以及你經營事業的原則。

布萊爾．辛格培訓學院（Blair Singer Training Academy〔BSTA〕）的使命是藉由訓練出世界上最好的、能幫助企業家成功的導師、領導者和顧問，進而提升每個人的生活品質。我們的「做什麼」是去創造出能幫助企業家成功的導師，我們的「為何而做」是想要提升每個人的生活品質，我們的價值在於創造及成為世界上最頂尖的，我們不甘於平庸，那些熱愛教導、熱愛學習和熱愛創業家精神的人會受到我們吸引，而不是這樣的人則不會。

星巴克的使命是「啟發並滋潤人們的心靈，在每個人、每一杯、每個社區中皆能體現」，他們的「為何而做」是啟發並滋潤，從本質上來說，他們的價值是昇華人性；微軟的企業使命是「賦能地球上的每一個人和每一個組織，都能實現更多、成就非凡」。他們的「為何而做」整體而言是讓世界變得更好，他們相信藉由每個他們所創造出來的產品能實際上賦予他人力量，以實現這個目標。

你的宏大使命能將你的團隊凝聚起來，讓他們能同心協力地達成共同目標，即達成使命的里程碑。形成一個團隊的重要性我說一輩子也說不完，一個團隊的概念可能是我和其他人在山上所學到最重要最強大的一課！

在我們第二次高山領導力體驗的旅程中，我帶領了一個來自六個不同國家、令人驚奇的團隊，其中有位來自俄羅斯的年輕女子和一位來自墨西哥的老先生，這兩位是連一句英文都不會說。在十七人的隊伍中（不包含我和嚮導），有八位來自墨西哥，在墨西哥的群組裡另外有兩個小團體，他們是跟著主管一起來的。當我們到達第二個營地時，很明顯墨西哥圈內的人玩得很開心，他們有說有笑還唱著歌，但大部分是用西班牙語，主要也是跟他們圈內的人互動。我看得出來其他的人因為聽不懂西班牙語而跟他們有所隔閡，非西班牙語系的人感覺被孤立了，所以開始有所抱怨，有些人甚至懷疑那些墨西哥人是不是在嘲笑他們。

在這次的登山行程中，第二天及第三天雨都下得非常大，雨大到登山路徑變成了小溪流般，每個人都被淋成了落湯雞，士氣低迷到谷底。到了第三天傍晚，雨水變成了冰，所有人都又濕又冷。

當我們當晚開始進行那天的心得彙報時，狂風吹打著我們的餐飲帳篷，我聽著他們關於這天敷衍的評論，語調中隱含著不滿的情緒，於是我打斷了大家的討論，用能蓋過呼嘯風聲的音量對大家說：「我們是要帶著一**個團隊**登上這座山的頂峰！」除了外面的狂風暴雨聲，現場一片寂靜。

我解釋了發生什麼事，不出所料，墨西哥圈的人起了防禦心，並開始辯解他們並沒有排擠其他人，然而其他的團隊成員也說出了他們想要成為一個團隊的心聲，卻感覺不出事情是朝一個團隊的方向發展。

在這一刻，如果允許一方有防衛心，或是讓另一方成為受害者，那麼這段對話就有可能朝錯誤的方向發展，有可能讓團隊裡產生巨大的裂痕，這種情況在企業中十分常見；所以我立刻強調我並**沒有**說不能享樂、不能說西班牙語、不能享受與朋友相聚的樂趣，我重複說著：「我們要帶著一**個團隊**登頂，不是一個墨西哥隊，不是一個亞洲隊，也不是一個美國隊。」

我說：「在這個帳篷裡的你們全部都是領袖，我對你們這一群人有一個目標，那就是當我們登上這座山的頂峰時，我要你們所有人都墜入愛河、彼此相愛，所有人！」

這真是個奇怪的意見，而且還有個更詭異的目標，但就是莫名其妙地從我嘴裡冒出來，好像這座山逼著我說似的！我跟他們說我不會告訴他們該怎麼做，他們得要自己想辦法，帳篷裡有片刻的沉默，每個人都看著自己內心深處。

然後大家有了共識，開始有人互相擊掌、互相擁抱，從那一刻起，團隊動力已經改變，甚至連天氣都開始配合，隔天早晨雖然還是很寒冷，但是景色絕美，地上布滿像鑽石般閃耀的冰晶碎片。

彷彿這座山逼著惡劣的氣候來幫我們上了一課，當我們到達山頂時，這群人已經彼此相愛到甚至是課程結束後好幾週，他們都還在互相分享心情、互傳簡訊和一起計劃著日後的相聚。

俄羅斯人與墨西哥人相互交談，儘管他們並不懂對方的語言。這個群組裡的兩位青少年後來都變成了精神領袖和優秀的領導者，這可能是多年來我所見過連結最緊密的團隊，我很榮幸能促成這件事，這個團隊的百分之百成功登頂率絕對是所有人在第三個營地時做出心態轉換的成果！心態轉換到願意朝向共同目標邁進，目標不是登頂任務，而是在旅程中互相尊敬、重視和珍愛對方，所以也因此確保了旅程最終的成功，以及提供了值得學習的重要課題。

一個團隊能設定的最大目標就是定義他們想要成為怎樣的團隊，頂峰是吸引我們的磁鐵，並給予我們動力，這是毫無疑問的，不過我認為是我們的渴望，讓我們變成我們想成為的人，而且藉由互相幫助，才施展出魔法般的成果！

雖然使命宣言只是短短幾句話，但是制訂起來並不容易，特別是如果你希望這個宣言能影響深遠宏大，大到足以為你的事業吸引到合適的團隊，很少在擬定草稿的階段就能發現你真正的熱情所在，這需要經過深思熟慮，需要像剝洋蔥般地抽絲剝繭，直到你對自己的「為何而做」和價值觀有了深刻而清晰的認知。

那麼，我們現在開始來剝洋蔥吧！你的「為何而做」是什麼呢？

「最棒的禮物就是好好發揮你的天賦，這是你生而為人的目的。」

——歐普拉·溫芙蕾（Oprah Winfrey）

Chapter 4

為何而做？

還記得我在上一章曾提到過目標不是一切嗎？我相信你一定會搔著頭想：「布萊爾，目標一定要是一切啊！不然為什麼要有目標呢？」

是啊！天曉得我為什麼要鍛鍊好幾個月，然後大老遠地跑到坦尚尼亞去爬一座我幾乎沒聽過的山，要想辦法面對寒冷、潮濕和高海拔的問題，還要睡在一個小小的帳篷裡，特別是我根本就不愛登山健行啊!? 我比較想要在沙灘上看著夕陽，或享受水質清澈的潟湖和舒適溫暖的徐徐微風，這才是度假啊！

問題在於攀登吉力馬札羅山根本無關乎攻上頂峰！當時是關於帶著我十六歲的兒子——班——一起做社區服務和一起冒險旅行，事情的經過就是在決定要做社區服務的幾週前，我「湊巧」在一架飛機上，「湊巧」和坐在我身邊的陌生人聊到關於社區服務（而且請注意，在我無數次的飛行旅途中，我**從來沒有**在飛機上跟坐我隔壁的人聊過天），他「湊巧」地提到他朋友們曾經在非洲做過令人讚歎不已的社區服務，而且他們「湊巧」地去爬了這座山。

我為什麼要一直強調「湊巧」呢？因為如果你為了看來似乎是「對的」原因而選擇了「對的」目標，那麼不可思議的事情好像就會出現，彷彿是宇宙為你鋪了一條路，請容我解釋一下。

當你要設定一個目標，不論其大小或規模如何，都會遇到逆境和挑戰，當情況變得艱難時，如果你沒有為什麼要這麼做的良好理由，你就容易放棄。

你是否曾在一場災難中告訴自己：「當時這看起來是個好主意啊！」打造一番事業是個絕佳的「主意」，但是大部分生意失敗都不是因為缺乏良好的商業想法或計畫，只是因為當你一旦踏上創業家的競技場，就會被擊倒，好幾次之後，你腦袋裡的小聲音就會開始用懷疑和恐懼來款待你。如果你沒有一個能令自己信服的理由，你到底是「為何而做」，那麼這些懷疑和恐懼就會打敗你！很多時候在商界，金錢並不是一個強而有力「為何而做」的理由。

特別是你是為他人工作時，你所設定的目標有可能對你或你的團隊而言似乎毫無意義，優秀的領導者就是能將看似毫無意義的事情賦予重大意義的人，「我們為什麼要將所有的時間和心力投注在一個公司未來可能不會支持的計畫上？做這個並不會讓我們有錢賺。」

身為領導者，此時變成你的關鍵時刻，你得問自己一些大哉問，我們必須成為怎樣的團隊才能成功解決難題？我們必須變得多強大、多堅定才辦得到？對我們的未來而言，如果我們繼續領導自己的團隊，從這次經驗所學到的教訓會有多珍貴？

這些問題的答案取決於團隊的力量！

有一位匿名作家曾經寫道：「當你知道你『為何而做』時，怎麼做就會變得簡單。」然而，在這句引述裡沒有提到的是，要清楚你的「為何而做」有難度，而且往往是最困難但我們必須做的事情。

知道你「為何而做」是需要有意願深入探究，而不是只停留在「賺錢」這種表層的答案，需要去找出非常核心的東西，為什麼你的產品或服務對顧客是有價值的？這會揭露出你的目的、原則及信念，也就是除了你以外別人會在乎的理由；大家不會因為你做什麼而跟你買東西，但大家會因為你是誰、以及你為何這麼做而向你買東西。

一旦你確立了你的使命或目標，就要列一張清單，把為什麼你想要做這件事情的所有原因給寫下來。我會建議你自己列一張清單，然後讓你團隊的成員也這麼做，拿一張紙然後開始列出你想這麼做的原因，為什麼你想要達成這個目標？請寫下十個理由，然後再多寫五個，然後再五個，就在差不多這張清單結尾的地方，就會出現你真正的「為何而做」！

很多人都會從「我想賺錢」開始，想賺錢有可能是你「為何而做」的一部分，但是為什麼你想賺錢？為什麼賺錢這麼重要？繼續挖掘吧！

賽門．西奈克（Simon Sinek）在其著作《找到你的為什麼》（*Find Your Why*）對你的「為何而做」做出了解釋……你在工作中的價值和你朋友們愛你的理由一樣，在友誼中，我們並不會有專業上和個人的「為何而做」，無論我們身在何方，我們就是我們自己；你的貢獻不是產品也不是服務，而是圍繞在你所做的一切（你所做的決定、執行的任務、銷售的產品），當這些都達成一致，就能產生你所預設的影響。

當我和我的團隊合作和指導他人時，我都會建議每個人要自私一點，並且問自己：

「為什麼我會想要達成這個目標？」如果你對自己的內心挖掘得夠深，並且對自己誠實的話，你可能會找到某種強而有力的答案：向自己證明我做得到；變成我想成為的人；讓那些不相信我的人對我刮目相看；對他人有所貢獻。

這些原因超越了時間和金錢，這些原因是進到每個人及團隊本身的精神核心！

第二次攀登吉力馬札羅山時，我必須為我兒子設立一個榜樣，同時也向自己證明我能做得到，我一直不斷地回去是因為這座山總是教我一些意想不到、關於我自己的事情！這些年來，其他的團隊成員是因為各種五花八門的原因而去登山，有好幾位是為了紀念已故的親人，要將他們的骨灰撒在山上或是留下特定的紀念物，有些人是為了要將過去拋在腦後，以展開他們生命中新的一頁……

特別是有一位我們團隊的成員，他是為了克服身體的挑戰而去的，結果大大地改變了他的生命！他年約六十多歲，有些心臟方面的問題，第一次攀登時不得不在史黛拉岔路口折返；但是他已經體驗到很多，知道自己想要征服這座山，所以他不斷地鍛鍊自己，隔年他就成功登頂了！他的妻子非常地感激，她對我說：「我的天啊！你知道我們為了他的健康狀況爭執了很久，而現在他竟成了健康和健身的典範，你救了他一命！」

如果你的「為何而做」不夠強烈、不夠引人入勝，每天早上你應該對它讓你有機會有所不同而心存感激；如果沒有，那你要嘛不要做，要不就想辦法製造出為何你能受益的理由，而我所說的「製造」並不是要你去欺騙自己，想出假的「為何而做」的理由，我的意思是去更深入地挖掘，以找出一個有意義的理由。

有時候你會面臨到一些你必須做的事，即使你不想做。身為領導者，即使再怎麼討厭，你有責任要去創造出你「為何而做」的理由，因為退出**不是**選項之一，說穿了，藉著製造出許多理由，你終究會找到一個**真正**「為何而做」的答案。舉例來說，為了這項事業我會努力奮鬥，因為我愛這個團隊；我會克服這種令人動彈不得的恐懼，因為我是我們社群和家庭的榜樣。

每個有價值的目標或任務背後都有個理由，而當你決定要承擔那些任務時，有可能需要你去克服自己的一些正常反應，如恐懼、厭惡、妄想和小聲音等等，才能達成目標。

記得我曾說過，如果你為了對的原因而設立了對的目標，不可思議的事就會出現！我想到了莫瑞（W. H. Murray）在《蘇格蘭人的喜馬拉雅山探險隊》（*Scottish Himalayan Expedition*）的那句名言：「無論你能做什麼，或是夢想你能做什麼，那就開始去做吧！大膽中蘊藏了力量、天賦和魔法！」

許多跟我同行的登山者是出於好奇，以及為了自我挑戰，只是這套課程引起他們的興趣，如同多倫多大學心理系教授及暢銷書《生存的十二條法則》（*12 Rules for Life: An Antidote to Chaos*）作者喬丹．彼得森博士（Dr. Jordan B. Peterson）所說：「有些人會對冒險感興趣」。我們會受到冒險所吸引，是因為有特定的好處或是有特定程度的風險，而讓我們感到興奮，如果少了危險就不能叫做冒險，不是嗎？有一種暗示是，在冒險旅程沿途中的某處一定會遇見惡魔，如果你在旅途中能倖存下來，征服了那個惡魔或那隻惡龍，不論是什麼，你將會變得更強大，你會變成自己生命中的神話英雄。

既然你正在閱讀此書，我知道你正踏上一段旅程，它可能是事業成長、技術成長、收入成長或情感成長的一段旅程；但可以肯定的是，這是一段個人成長的歷程，因為這是基於你的生長背景、你的故事、你所遭遇的環境，甚至有可能是你的DNA，所以你的旅程對你而言是獨一無二的。

這是趟「英雄之旅」，莎拉勞倫斯學院（Sarah Lawrence College）文學系教授及《千面英雄》（*The Hero with a Thousand Faces*）作者喬瑟夫·坎伯（Joseph Campbell）說：「在整個人類歷史上，許多文化都傳承著『英雄之旅』的故事，不論是什麼年代、什麼文化、什麼語言或情況，故事幾乎是相同的，都是關於一個看似焦躁不安的普通人被賦予一些偉大任務，他們遇見巫師、薩滿、敵人和盟友，為了能戰勝敵人，他們的勇氣和技能遭受到巨大考驗，在過程中脫胎換骨，最終都能平安返家。不論是《綠野仙蹤》（*The Wizard of Oz*）裡的桃樂絲（Dorothy）、希臘神話中尋找金羊毛的傑森（Jason），或是天行者路克（Luke Skywalker）與黑武士（Darth Vadar）之戰，全都是同樣的故事，只是樣貌不同。

身為人類，我們已經被這樣的故事給吸引了幾千年，因為我們將自己視為英雄，你和我都在我們自己英雄之旅的旅途中，在某種程度上，我們都意識到自己可以變得更好、更偉大，企業家就是那些正走在英雄旅程上的最佳例子，因為他們選擇承擔風險來實現他們的「為何而做」，也就是他們的終極目標。

每一次的目標設定都是朝我們的脫胎換骨邁進一步，當你走在正確的路上，或者你的「為何而做」比目標本身更具說服力時……當神奇魔法以資源、想法、力量、支持或啟發等形態出現時，有時候就是來得恰到好處！

當我們帶著一群領導者去吉力馬札羅山時，我們並沒有給予什麼承諾，沒有承諾你一定到得了山頂，也不保證你不會苦苦掙扎。不過我們敢保證的是，在那座山上你會體驗到最棒的自己！而且你知道嗎？對大多數人來說，這個體驗是無價之寶。

最後一點，你的「為何而做」不會是一成不變的。

你的「為何而做」有可能會進化，隨著你的成長、經驗的累積和生活中情況的改變而修正，有時候這種情況會為你和你現在的事業帶來新的焦點或方向，又或者可能會導致關閉舊的事業，而開始新的業務。

在這個章節的開頭，我說過要知道你的「為何而做」需要揭露你的目的、原則及信念，而這個真正的意義在於揭開你的核心價值，所以我要問你，你的價值是什麼？

「生活的關鍵之一就在於一個人承諾與自己的價值觀和平共處。」

——麥克・紐頓（Mack Newton）

Chapter 5

價值

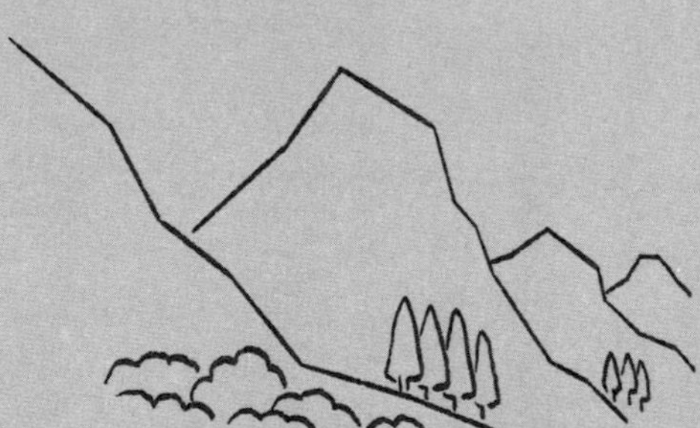

你的名片上面是印著老闆、執行長、董事、創辦人、總裁……這會讓你變成領導者嗎？你是經由選舉、指派、委任還是既定的領導人？當然，你會同意這個標籤不一定能給予人領導力。

我們都聽過坐而言不如起而行，我們也聽過一致性的領導力就是當思想、言語和行動都一致地支持任務直到達成結果。我有一位偉大的老師，他是我的教練和朋友，同時他擔任七段黑帶大師級教練，也曾是兩屆世界跆拳道冠軍，他名叫麥克．紐頓，他教導大家說，成功就是展現「一張臉」。意思是無論你做什麼、想什麼和說什麼，都必須與在基本價值觀層面的自己一致，否則，你就會與自己不同步、相互矛盾，無法施展全力！

這種一致性是從何而來呢？那是來自你最珍視的核心價值的基石：榮譽、正直、愛、家庭、誠實、健康、教育、個人成長、忠誠、財富、平等、自由等等。

任何有價值、有規模或持久的計畫或機關團體都是建立在價值觀的基石上。根據線上英文版的劍橋詞典，價值觀是能幫助你決定是非對錯，以及在不同情況下如何行動的原則，請注意在這個定義裡的這個字「行動」，所以價值觀不僅僅是去啟發，而且還要推動大家去行動！價值觀提供了方法，也就是在實現你的目標和任務時，團隊成員所該有的理想態度和行為，這些價值是奠定你公司基礎的指導信念，它們也能幫助你實現你的「為何而做」。

正是因為從這些價值出發，你得以開始建立文化及背景環境，以形塑你所參與的業務或計畫，你的價值觀必須要能對你企業的所有層面——包括內部和外部——產生重大影響。在內部，你的價值觀會決定薪資、獎金及政策的制訂，也會影響所做出的策略決定；在外部，你的價值觀會讓大眾了解到你是誰，你的客戶、合作伙伴及社群團體也會對你有清楚明確的期望。

而受你吸引的會是那些對這些價值有相同喜好的人，就像是兩個音叉和諧地振動一樣。他們甚至有可能會願意為薪資較低的公司工作，只因為該公司與他們個人的價值觀一致！這些價值會建立規則，而規則會影響過程，再進而吸引到你的團隊。

如果你問任何一個曾經與K2冒險旅行社一起登山過的人，指引團隊的核心價值是什麼，他們一定會用洪亮的聲音回答你：「安全和健康」，請注意這些價值與成就、攻頂、力量或耐力沒什麼太大關係，然而，正是因為這些價值觀，讓與K2團隊一起成功登頂的人數比例高達百分之九十六以上，而所有登山者的平均攻頂率只有不到百分之四十！在吉力馬札羅山上，價值觀是否一致是成功登頂與否、這個經驗是享受還是折磨、是平安走下山還是被人扛下山的區別。

在吉力馬札羅山上的另一個關鍵價值是支持，沒有團隊成員會被丟下不管。曾經有一個高山領導力體驗團體，團隊成員全都是很有成就又具影響力的企業家、老闆、講師和領導者，所有人都很習慣對他人給予支持，他們全部都是思想領袖、焦點人物和在組織裡必找的關鍵人物，但是吉力馬札羅山決定要給我們一個能改變生命的體悟，透過長途跋涉的祕境，幾乎每個人都發現了自己在身體上、心理上或是情感上需要他人的支持！

有個來自馬來西亞的團隊成員在跟上過程中拚命奮鬥，他過去最高紀錄只爬上過一千五百二十四公尺（原文為：約五千英呎），而且即使在那種海拔高度，他身體已經非常嚴重不適。在攻頂日當天，我看得出來他非常辛苦掙扎，但他心意已決，在我們可以休息的四十五分鐘前我溜到了他後面，一路上我都在跟他說話，提醒他注意「休息步」和壓力呼吸，我刻意地加強我的呼吸，讓他能聽見並且跟著那個節奏，我不斷地跟他說：「你看起來很棒，你看起來很強壯，你可以的／你做得到！」當我們到了休息時間，我問他感覺如何，他說身體還是很痛，但是他感覺更強壯也更有信心了。

在史黛拉岔路口，也就是攻頂前的最後一次休息，我給了他一個大大的擁抱，並恭喜他說到達這裡是了不起的成就，我心想能到達這裡對他來講應該已經夠了。一小時過後，當我站在頂峰時，我驚訝地看著他舉步維艱地朝我們走來，他真的走完了全程！他說如果沒有團隊持續地支持、鼓勵和愛，他根本不可能接近這座山的山頂。幾乎每個人都學到了這個教訓，而且在我們的彙報中，我們寫下了這句誓詞：「我同意從今以後接受他人對我的愛與支持」。

早在我們真正踏上這座山之前，「安全、健康及支持」的價值觀就已經開始慢慢注入在團隊中。在登山的幾個月前，凱文和克莉絲頓就已經在教我們如何鍛鍊身體、要帶什麼東西和為什麼要帶這些東西、在旅程中我們可能會遭遇到的問題，以及其他數不清的事情。在登山之前，我們必須得接受這些價值觀。

對於「價值」在經營企業裡的重要性，我以前只是講講場面話，我並沒有非常認真看待這件事，我當時覺得只要我們愈成功，關注在價值一致性這件事就愈不重要。我的天啊！我真是大錯特錯！

我曾經有一項事業發展極為迅速，大把大把的鈔票湧入那家公司，身為教育訓練的特許經銷商，我們的業務遍及全球三十多個國家，而且在市場上的影響力愈來愈大，我們企業的核心價值之一是個人成長與教育；然而當我們成長時，我們所遭遇到的挑戰及問題也愈來愈大，我當時有個業務合夥人，很明顯地隨著時間，我們對於個人成長、教育及財富管理的定義變得不同。

我對於個人成長的定義是積極尋找合格的教練、顧問諮商和課程來幫助自我成長和發展，我的定義是對我生活中的一切百分之百負責任；而我合夥人對於個人成長的想法是不依靠任何外部的支持或教練指引，只靠自己讀書和改進。雖然他口頭上同意百分之百負責任的想法，但是我們彼此的定義仍然在行動中出現分歧。這點從雙方激烈的爭執、怪罪、責罵，以及其他形式的言語攻擊就可以看得出來。

這個些微的差異竟轉變成巨大的裂痕，它就像是氣球上的一個小洞，在氣球洩氣之前，根本很難發現！但是當你幫氣球充氣，想灌入更多空氣時，洞卻愈變愈大，而非變小！你不斷努力地幫它打氣，空氣就會以愈來愈快的速度洩出去，直到整個氣球爆炸為止。結果是這段長期的合作關係最終還是瓦解了，這家企業逝去，所有創造出它的魔法也跟著消失在夕陽中。

所以這不光只是價值觀的問題，而是關於能否深刻清楚地了解這些價值在日常營運中的意義！價值觀對於創造出成功的事業以及個人生活極為重要，但是要有意義，他們必須是積極主動的，有時候價值觀會讓你付出代價。我的意思是強烈的價值觀會迫使你為了公司，在對錯之間做出選擇，即使那可能造成短期上物質或經濟上的困難。價值是無法討價還價的，「你對什麼東西說不」和「你對什麼東西說好」同等重要。

巴克敏斯特・富勒博士（Dr. Buckminster Fuller）是一位美國的建築師、發明家、作家、設計科學家和未來學家，他總是說事情沒有對錯，只在於行得通還是行不通；然而情況改變了，環境也變了，我們很容易被其他人所做的事情給淹沒，所以會需要強而有力的領導者依據目前相關情況，持續不斷地重新定義和應用核心價值。

換句話說，如果每個人都在跟風，向社群媒體爆料，但如果這些社群媒體爆料和廣告與你公司所傳遞訊息不符時，那麼跟隨這個潮流就會是對你公司價值理念的妥協，而你的公司有可能會因此受到影響。

我們公司的業務是負責在世界各地培訓講師，走捷徑去訓練並認證一位完全合格的講師是很誘人的，然而我們必須抗拒這種誘惑。我的意思是重新設計我們的系統可能是更迅速更經濟實惠的方式，只要在不妥協公司的價值理念下，都可以重新再設計我們正在做的事情以及做事情的方式，這是件重大且需要深思熟慮的事；但是走捷徑去簡化這些價值就會像在洩氣的氣球上插一根針，逐漸地，當你打入更多空氣（也就是投入更多資金和人力）時，洞會愈變愈大！

我們會聚在一起是因為我們都認同「團隊合作」的價值，然而對有些人來說，是以個人需求為優先，對其他人來說，是以團隊為優先，另外有些人則會以任務為優先。誰是對的？沒有誰對誰錯！只是我們對於團隊合作的定義和共識不同。

來試試看這個小練習，找幾名你的團隊成員，把他們聚集起來，然後每個人給他們三十秒的時間，去寫下五個他們認為最重要的個人核心價值，然後讓每個人迅速唸出他們寫下的東西，但不給予任何評論，很有可能你會發現這群人的價值觀裡會有一項或多項是相同的，即使他們的用詞可能有些微不同。

那就太棒了！你們擁有相似的價值觀，那是你們相互吸引的原因，物以類聚，不是嗎？

那麼現在請你選出一個或兩個相同的價值觀，然後讓每個人用不超過十秒的時間，去定義那個共同價值對於他們的意義是什麼，我敢保證你得到的定義會不一樣，而問題就出在這裡！

假設說共同價值是「正直」的話，有個人可能將它定義為說真話，而另一個人的定義可能是完成任務並且創造完整性。

「愛」對某個人來說可能指的是同情和擁抱，同時對另一個人而言，可能是殘忍無情和嚴苛的愛，我相信你已經可以看見潛在的衝突點了。

沒有哪一種定義比較好、哪種比較差，然而你需要讓這些價值觀對團隊的意義一致，這樣他們才能團結一致、同心協力。

你可以在家裡和你的配偶或伴侶試試以下這個練習，至少它會讓你們的談話更深入並更深一層地認識對方，也希望它能讓你們關係更緊密。

定義你的價值觀

還記得我說過我曾對價值的重要性只是很敷衍地說說場面話嗎？同樣的情況有可能發生在許多正在定義自身價值的公司身上，以波音公司為例，根據他們的官網，他們所列出來的第一項價值是以卓越工程為始，用安全、品質和正直來打造及維護產品。然後出現波音 737 Max 的自動飛行控制系統有問題，導致兩次空難事件，造成三百四十六名人員死亡，這是否是管理階層為了尋求捷徑和省錢的方案，而不顧美國聯邦航空總署（FAA）低階官員及波音公司自身的飛航安全專家的警告，所產生的結果？

波音公司有一大串美麗的價值觀被犧牲掉了，代價是人命！當團隊成員感覺到價值觀被利用來做為行銷花招時，他們會變得憤世嫉俗，而客戶也會開始不信任，在像波音這樣的極端案例來說，客戶則是會遭受苦難。

建立你的價值宣言不只是列一張清單，而是帶有目的地決定你想要成立什麼類型的公司，或是想要成為怎樣的人。價值宣言也不該是張你希望團隊能如何表現的願望清單，而應該是團隊真的願意這麼做的一種宣言！價值觀需要容易理解和記憶，如果你的價值觀有的時候會讓你感到不舒服，因為它們會逼你做出抉擇，那也沒關係。

以嬌生公司（Johnson & Johnson）和一九八二年的泰諾膠囊投毒事件（Tylenol scare）為例，當時並不清楚有多少瓶藥被下毒，但是嬌生公司以驚人的代價將所有的藥瓶全數下架，為什麼？因為他們的其中一項核心價值便是顧客的健康與安全！雖然對他們的銷售產生了負面衝擊，他們仍然堅守他們的價值，並且為了客戶做出正確決定。

你可以用我上述提到的練習來開始掌握你的核心價值，這裡有一些額外的問題你可以用來問自己，以了解你價值觀的要點。

一、我們想要成為怎樣的公司？
二、我們想要以什麼而聞名？
三、我們的價值觀會如何讓我們在競爭中脫穎而出？
四、我們的熱情為何？
五、是什麼會讓大家想在這裡工作？
六、什麼行為可以被容忍，什麼行為不會被容忍？
七、什麼原因導致大家離職？

最重要的一點……

八、什麼是正確該做的事情？

我其實可以給你一些備受矚目公司的價值宣言，但是我不願意，因為對這些公司來說行得通的，對你的公司不一定行得通，你的價值觀對你而言是獨一無二的。

我的朋友約翰與麗莎・藍儂（Josh and Lisa Lannon）是優秀的企業家，也是富爸爸集團顧問，他們建立了一個非常成功的毒品及酒精戒毒治療康復中心。打從一開始他們就運用了我一直在談或即將要談論到的重點——榮譽典章、使命宣言及價值觀，來打造這家戒毒中心。他們擁有一個了不起的團隊，賺進數百萬美元，改變了數百名患者的生命，他們後來將這個戒毒中心賣給了一間私募基金公司。

買了這家中心的公司是希望能將其業務擴展至全美國，雖然他們買下這家康復中心非常賺錢，但是當約翰與麗莎帶著可觀的報酬離開，新老闆一接手時，生意就開始走下坡，在一年內，原本蓬勃發展的生意不見了，因為新業主背棄了原本的價值、使命以及榮譽典章！他們將這項生意視為一組統計數字：金額以及服務人數，他們既不理解也不在乎真正能驅動這家企業的核心價值及使命。

時至今日，約翰與麗莎已經在相同的產業打造了一個更具規模的企業，為患有創傷後壓力症候群（PTSD）及藥物濫用的現場急救員和退伍軍人服務，這家中心稱為「戰士之心」。再一次地，這家機構又是大成功，因為它是建基於核心價值及強力的榮譽典章上，而且這個榮譽典章是經過這家機構從上到下的每個人都同意的。

順道一提，如果你即將要建立一套榮譽典章、一套價值觀，那麼對一個人有益就是對所有人有益。比方說我們要準時，也就是連執行長都要準時，意思就是每個人在每一項活動當中都要準時，因為每個人都有責任！沒有人可以有特權或是例外，規則要每個人都同意，否則就不算數，這個就是價值觀和榮譽典章相互運作的方式。

一旦你同意了這些價值觀，你必須將它們化為行動，就像在我們登山的幾個月前，凱文和克莉絲頓對我們的訓練一樣，關鍵是你必須花時間確保你的團隊理解要如何將價值觀付諸實行，要做到這點的方式之一就是去建立能保護和定義這些價值觀的**規則**。

「要衡量一個人最重要的標準，不是看他處於舒適、方便時刻的意見，而是看他處在挑戰和爭議時刻的立場。」

——馬丁・路德・金（Martin Luther King）

Chapter 6

榮譽典章——規則

「千萬不要在這座山上服用任何藥物，除非先通過我這一關，特別是如果你從未服用過這些藥物！」

我已經聽過克莉絲頓咆哮著這則規定幾百次了。她對於健康的知識，對於已經承受壓力又處在高海拔地區的身體會發生什麼，以及她對於該怎麼做才能確保安全的清晰認知，已經在吉力馬札羅山上救了許多人的性命。

然而，半夜裡帳篷外寒風呼嘯，獨自躺在帳篷內包裹在睡袋裡的我並沒有思考，我打破了規定。為了要讓我輕微反胃的胃得到舒緩，我吞下了從來沒服用過的藥物，而且並沒有得到克莉絲頓的同意，我以為我比較了解自己的身體，我以為她的規定是給那些沒有我健康或是經驗沒有我豐富的「其他人」！

之後那天上午，我為了在海拔高度五千六百八十五公尺（原文為：約一萬八千英呎）的地方違反規定而付出了代價，而且原本情況還可能會更糟糕。

在你招募你的理想團隊開始踏上旅程之前，下一步是要將你已經定義過的價值觀轉化成一套規則，我們將這套神聖的規則稱為「榮譽典章」。這個不是政策使用說明書，也不是三十頁的聲明，它是一套簡單的規定，可以為你和你的企業在人生的暴風雨中導航。

在我的《富爸爸教你打造冠軍團隊》（*Team Code of Honor*）一書中，我解釋了很多關於榮譽典章的細節：如何訂立、執行規則，以及如何讓規則永續施行。我會將部分的概念帶入這一章，但是如果你真的想要了解榮譽典章是如何影響你的企業以及你周遭的人，我會建議你閱讀那本書。

首先，我們要從定義術語開始，根據線上劍橋詞典英文版，典章／密碼（code）的定義為：一個由字彙、字母或符號所組成的系統，被用來代表一段以祕密形式呈現的訊息，或是用更短更方便形式呈現的某樣東西。這段定義暗示著典章／密碼（code）是特殊、獨一無二的，而且不適用於所有人，但是我們在這裡所討論的是**榮譽典章**！

那麼，榮譽又是什麼意思呢？同樣根據劍橋詞典，榮譽的意思是去做你所承諾過或同意過的事。

另外一個偉大的導師教我的，也是我很喜歡的定義：

價值正確地回報與交換，並以精準和確切的方式兌現承諾。

我喜歡這個定義是因為它假設了一種相互回報的想法，不僅僅是你說到做到，而別人也會以相同方式回報，因此這段關係中創造出一種「光榮的」交流。

並非所有的交換都是光榮的，當你付出而有人不回報，或是有人只想索取但不付出，那就是所謂的「不道德的交換」。你也許沒有意識到，但你有可能因為允許他人打破你正在遵守的規則，而助長了這種不道德的行為！

也有另外一種交換類型，稱為「希望的交換」。這是當身為領導者或是團隊成員的你承諾要遵守遊戲規則，你「希望」藉由他人觀看和觀察你的行為，而能仿效你，這種通常是行不通的，因為其他人可能根本不理會你的示範，也可能會覺得你在羞辱他們，好讓他們屈服於你，他們並沒有受到啟發，反而會覺得：「好啊！瑪麗工作很認真努力，她就是這樣子，很好！她可以罩我。」

所以，擁有一套榮譽典章是關於光榮的交換，每個人都能如此交流，我遵守規定，你也遵守規定，我們一起合作，但請容我給你一個例子，看看情況是如何走偏掉的。

我們曾經有一個行銷團隊在社群媒體和 YouTube 下了很多功夫，想讓我們的訊息傳遞全世界，這些團隊有某些成員是獨立承包商，不過無論如何，所有人都同意要為某些特定的工作負責，以及在特定時間內完成工作。

我們有某位成員非常有才華，但是她從來沒有負該負的責任，她開會缺席又錯過工作截止日，她做出承諾又打破承諾，最後，她必須被調離團隊，而且當她一離開後，整個團隊的績效大大提升，這種情況十分常見。

我曾經與一家南非的雜誌社合作，這個團隊主要負責的業務是銷售雜誌廣告，他們的目標是要增加銷售業績，而我幫助他們的第一件事就是為他們建立一套榮譽典章。

這個團隊有約十位成員，但是其中兩位的銷售業績遙遙領先，其他人難以望其項背，這兩位頂尖高手的業績占了總銷售額的近八成！我們所建立的榮譽典章裡面的規則包括了要出席會議、要準時和擔當責任，但是表現最好的這兩位並不喜歡這些規定，有些人喜歡遊走在灰色地帶，是因為他們想要制訂自己的規則，一旦出現非黑即白的情況，他們就不喜歡，而這兩位高手就是屬於「想按自己遊戲規則走」的陣營。

幾週後，他們的經理打電話給我，他說：「你看！我現在面臨到這個問題，這兩位高手不願意遵守榮譽典章，我該怎麼辦？」

我告訴他：「如果你要做這件事，你就必須遵守榮譽典章！生於劍、死於劍，如果你要成為一個領導者，你就必須站出來捍衛，如果你不想做，也行！但是你必須要告訴團隊的其他人，說你決定不再遵守這些規定了。不管你決定怎麼做，你都必須表明立場！」

值得稱讚的是他表明了立場，並把兩位高手叫來，他們抱怨著根本不應該來，他們根本不需要參加會議。經理說：「聽著！如果你們不打算來，如果你們不打算遵守我們——包括你們兩個——同意過的規定，那麼我就必須放你們走。」他們說：「好吧！」然後就辭職了。

經理嚇壞了，不過事情的經過是這樣的：在六十天之內，因兩位高手離職及帶走許多客戶所損失的銷售額，被團隊的其他成員補上，而這家公司因著剩餘八名團隊成員的努力，營業額超過之前的水準，他們甚至不需要聘請新員工來取代離開的那兩位。

我問他銷售業績這麼好，他認為可能原因是什麼？他說：「大家都跑來告訴我：『謝天謝地你終於對那兩位採取行動了！我們已經等了好幾年，他們一直都有特殊待遇。』」

這是個很明顯「不道德交換」的例子，也或者是「希望的交換」，也就是期望這兩位能仿效其他人的行為，「當我終於叫他們出來，並亮出底線，每個人都受到了鼓舞」，在這個案例中，當領導者對待規則的態度是認真的，每個人的遊戲規模就都提升了，這就是榮譽典章的力量！

榮譽典章很重要，因為它添加了架構和紀律，讓你的團隊能具體展現你所定義的核心價值，行為舉止也能與其一致，在沒有規則的情況下，大家就會創造自己的規則，一向如此！而在激烈的爭鬥中，當情緒高漲、理智低落時，人會訴諸本能的行為，而這可能會危及到團隊、計畫，甚至可能造成危險。

發展一套榮譽典章會創造出責任感以及一種支持的感覺，就像你的價值觀一樣，這是一個強而有力的聲明，說明你是誰以及你的團隊立場。為了要有效率，典章裡的規則必須容易理解，而且一定不能妥協！要踏入競技場之前，你必須清楚且同意遵守這套規則。

創造你的榮譽典章

榮譽典章裡其中一個關鍵是要去決定你要玩到什麼程度，是要在角落裡一個賣涼飲的攤位，還是要成為一個炙手可熱的成功企業？是一群人為了共同的興趣玩一玩，還是要成為冠軍團隊？你的榮譽典章會決定你的遊戲要玩到什麼程度，也會是將新的人帶入你團隊的關鍵。榮譽典章的力道愈強，它吸引人的力道就愈大，你自己對目標和榮譽典章的認知愈清晰，和你志同道合的人就愈容易被吸引。

對於要為榮譽典章做初步草稿，以下有幾項額外的小建議：

一、打造榮譽典章要選在一些理智清晰的時刻

要找出你和你團隊都能支持擁護的榮譽典章的話，你必須在創造它的時候是理智清晰的，這點很重要！這裡的「理智清晰」，我指的意思是當你在設計規則時，要注意避開處在承受極大壓力或是挫折的時間點，你不會想要你的榮譽典章是對某些特定情況的自動化反應的結果，相反地，榮譽典章應該是一組有效的協議，能告訴大家當壓力來臨時該怎麼反應。

請注意我說的是理智清晰的一些時刻，請不要期待只討論一次就可以找出完美的榮譽典章，這可能要花上幾天、幾週，甚至幾個月！由於這過程中需要大家清晰地思考，

所以請不要用馬拉松式的會議把大家的體力和腦力都燃燒殆盡，如果可以的話，將討論的地點設在辦公室以外的地方，以排除因工作干擾而分心，好專心在手邊的討論。

二、**找出反覆發生而且會干擾到團隊表現的問題**

找出反覆發生的問題才能決定哪些規則是真正需要的，這裡有個從《富爸爸教你打造冠軍團隊》書中截取出來的例子。

有一家全球投資銀行要求我與場內交易員合作，他們聰明能幹、反應敏捷但也很傲慢自大，他們的運作方式像一群遊蕩的神槍手，而我的工作就是要幫助他們成為一個冠軍團隊。

他們想出的其中一條規則是「在交易場內不允許公然羞辱」，這對管理他們的行為來說是很重要的一條規定。因為交易大廳是個混亂又高壓的環境，情緒和脾氣很容易高漲，即使為了芝麻綠豆大的事，都很容易造成交易員大吼大叫，常常讓來協助執行交易的後勤人員人仰馬翻；這種情形嚴重影響生產力，同時很傷後勤人員的感情，有時候甚至會導致「報復」的情況出現。

藉著榮譽典章的規範，交易員們自我監督以維持標準，猜猜看發生了什麼事？交易台前和台後的運作無縫接軌，生產力得到立即而明顯的改善。

當榮譽典章被適當地建立起來後，團隊會開始自我監督，情況就不會是領導者要一天到晚盯著團隊，看他們有沒有遵守規則，如果一個領導者必須得這麼做，那麼他們就不是一個真的團隊，而只是一群為別人工作的人。領導者不得不以薪資單做為激勵，或是將薪資單當成抑制不當行為的工具。一個真正的榮譽典章是會被團隊所有成員拿來自我監督的；假設你踢足球、打籃球或是其他競爭性的運動，如果你沒有盡到自己的本分，或是沒有按照規矩打球，不必等到教練來處理你，你的隊友會很快讓你知道，這才是所有方法裡最有力的回饋。

你的榮譽典章裡需要處理你特殊的需求、團隊的任務，以及你面臨到反覆出現的問題，關鍵字在於「反覆出現」。如果你的榮譽典章想要涵蓋所有一次性的問題，規則會變得龐大笨重、難以理解，而且最終會是無效的。所以請確保你能挖深一點，去掉造成這些問題的表層原因，深入地找出真正的、底層的問題點。

三、每個人都要參與討論

如果你的公司只是剛起步，你可以自行設立，或是和你的合夥人、公司核心成員來建立你的榮譽典章。

如果你要為一個已經存在的團隊建立榮譽典章，那麼每個人都參與極其重要！首先，如果是團隊共同創造的，他們對這套榮譽典章就會有歸屬感；如果是公司上層設立一套規則，然後期望公司由上至下每個人都能真心信服，這是痴人說夢！大家都需要擁有感，而這需要每個人都參與才行。

當然，如果你擁有一個分散在各地的超大型團隊，要把每個人都聚集起來參與是有難度的。我們的訓練師已經能夠透過 Zoom 或是其他線上會議軟體來幫助企業，我們也有把企業組織分成小組，要每個小組提交四到五項規則給所有人，讓所有人看過之後投票表決哪些規定要留下來。思考一下，你也可以發揮創意想出巧妙的方法，想想如何讓分布各地的大型集團參與榮譽典章的制訂。

其次，這樣會讓那些不喜歡新規則的成員選擇退出，這裡的「選擇退出」，我是指離開公司，他們會事先知道公司對他們未來的期望是什麼，所以他們可以選擇留下來按規矩行事，或者離開。

讓每個人都參與規則制訂的意思是會有意見上的分歧，妥善處理這些不同的意見有助於催化出一套行得通的榮譽典章，不過需要藉由提出困難的問題來釐清規則。

身為團隊的協調人和領導者，這是你的責任要去確保每個人都參與，而做到這點並不容易。你要注意觀察那些看起來似乎忍氣吞聲、有所保留，或是那些企圖主導整個討論、一言堂的成員；對於前者，你需要去引導他們說出自己的想法，後者需要被約束，好讓其他人有發言的機會。

在某些情況下，確實需要由主要決策者或是股東來代表企業組織建立榮譽典章，如果你是個擁有小型團隊的企業家，你可以和他們一起制訂。如果是一家成長中的公司，你最好找那些已經參與公司營運好一段時間的團隊成員，而不是找新雇員參與，你會希望從你信任的團隊成員得到對任務及對你企業的意見回饋。

在吉力馬札羅山上，建立榮譽典章的過程是不一樣的，在凱文和克莉絲頓還沒有帶任何人上山之前，這兩位就已經坐下來討論出了一套絕不能妥協的規則，而且是每位登山者都會被要求必須要遵守的。一旦榮譽典章建立起來了，就幾乎不會再修改。

想想十誡吧！十誡是二千多年前創造出來的，到現在從來沒變過，這十條戒律已經變成了宗教、法律系統以及道德規範的基石，或是像美國海軍陸戰隊，他們的榮譽典章也從來沒變過。如果一個國家或政府想要改變它的憲法以「跟上世代改變的潮流」的話，會變得很危險，因為這麼做就是在亂搞國家文化的基本要素。不過榮譽典章或規則可以進一步釐清，也可以再更全面性地定義清楚，但是最初的規則仍然是基石，一旦規則就定位，你就要執行！

四、談論各種行為的案例以及每個人的感受，無論好壞

我剛跟團隊合作時，常常驚訝地發現，有些人可能一起共事十年或十五年了，竟然還不清楚他們的隊友對於某些問題的感受。可以運用榮譽典章的時間來探討一下這些問題被濫用、或被注意到的次數，事情沒有說出口的問題在於，它日後會以粗魯無禮的評論、惡劣的態度或是遺漏細節等形式出現，只要有怨恨，想要報復是遲早的事！這就是

為什麼在同意任何規則之前，你必須要探討每項議題的利弊，並深入理解大家感受的根本問題所在。

五、寫下來！

一旦你能夠決定一條規則後，把它寫下來，並將規則貼在團隊裡每個成員都能看見的地方，如果規則不容易看見，那麼當壓力或危機來臨時，大家就會將規則拋在腦後！規則的陳述必須清楚明確，讓即使是沒有參與規則制訂的人都能夠解釋這些規則。

六、要具體！

你的規則必須要寫成可化為行動的語句，要避免模糊不清的規則，或是只有一個字的規定。可能要下點功夫才能找到正確的措辭，需要來來回回斟酌語句用詞，這點十分重要！要釐清、釐清再釐清！

七、請勿將情緒制訂在規則裡

創造一個例如「永遠保持好心情」或是「永不發怒」的規則不僅不公平，亦不切實際，每個人都會有倒楣的時候，但是你可以做的是規定「不要把你的情緒發洩在他人身上」。

八、確保你的規則是有點伸展性的

我的意思是你的榮譽典章可以挑戰團隊裡的每個人變得更好，這樣會創造一個環境，讓環境裡的每個人都能全力以赴，而團隊的表現也能夠到達冠軍團隊的程度。

九、請勿制訂太多規則

你的團隊需要的規則愈多，就愈容易搞砸！請訂下最多十幾項規定即可，超過這個數量的話，團隊可能會開始感覺到他們被管東管西。請記住，我們要解決的是反覆發生的、好的和壞的問題，以做為我們榮譽典章的基礎，而不是要處理一次性的問題。

執行榮譽典章

執行規定並不是個令人愉快的工作，如果到了必須要求某人離開團隊、炒他們魷魚或是用某種方式把他們調離現職，都會是尷尬又傷感情的場面；然而，如果你執行榮譽典章時沒有魄力，其他的人就會錯誤解讀、改變、調整，或甚至用你自身的價值觀來對付你！

然而要成為一個優秀的顛峰領導者，就是有能力去逐漸灌輸榮譽典章的觀念給你的團隊，到一種團隊可以自行執行規則的程度，而不需要你去當糾察隊、國王或是父親的形象去規範他們。你要如何做到這一點？很簡單！那就是設立一條規則，如果有任何人違反規定的話，團隊裡的任何人都可以「指正」，我會在關於如何執行的章節有更詳細的說明，但是現在，我說指正的意思是都可以將團隊成員帶到一旁說：「你打破規定了！」這一點如果做得很適當，那就是一個好的團隊跟冠軍團隊的差異了。團隊必須要有能力自我監督，如果有人犯規，卻沒有人跳出來指正，那就表示沒有人把榮譽典章或是這個團隊放在心上！

測試底線是人類的天性，早晚都有人（是的！甚至是你自己）會違反規則，也許還不只一次，這是很正常的，打破規定不重要，重要的是如何處理打破規定這件事！

這些年來，我很幸運地跟一些很優秀的企業一起合作，其中一家是世界上最大的美髮產品和最強美容品牌之一，我們和許多他們的資深團隊一起努力創造他們的榮譽典章。我記得其中一個團隊的女性總監打電話給我說：「我們有大麻煩了，在經過我們這麼多的努力去創造這些規則和榮譽典章之後，團隊裡有一位非常資深的成員公然地違反規定！我該怎麼做？」

我把以前回覆過給那位南非朋友的答案同樣講給她聽：「嗯，如果妳要創造這個榮譽典章，就必須執行它。妳也許會被討厭，他們可能會叫妳賤人或其他難聽的字眼，但是如果團隊沒有人跳出來指正，那麼妳就必須跳出來做點事情，因為如果妳沒跳出來，這個榮譽典章和規則就會損壞，而且沒有人會再相信了，好嗎？所以現在知道妳的功課是什麼了吧？妳下週再打電話給我，告訴我後續的情況。」

一週後我接到了電話，當我問情況如何，她回答：「我這輩子從來沒有這麼緊張過，但是我做到了！我好訝異喔！原來那位成員知道自己犯規，而且感到很愧疚，我們在談話的過程中都幾乎快哭了，他承諾以後不會再這樣做，而且他決定要公開承認錯誤。」

他說到做到，在大家面前開誠布公地說：「這件事情是我做的，我道歉，這個完全違反了我們的榮譽典章，我以後不會再這樣做了。」這種程度的衝突和承認錯誤才讓榮譽典章得以保存下來。

身為一個領導者，必須要清楚榮譽典章要設立在一個遠高於政策聲明的範疇下，甚至高於道德守則，它已近乎神聖，而真心認同它的人都是在一種很深的層次上承諾盡忠職守。

榮譽典章是被視為比我們所有人更宏大的東西，就像十誡一樣，如果你知道這個故事的話，這十條戒律是上帝賜給摩西，目的是讓以色列人在那個戰火不斷紛擾的地區，能夠像個部落一樣保持團結。

榮譽典章是關於我們想成為誰，讓我們能不負自己所望。以下我列出了我公司的榮譽典章，而這可能是唯一最厲害的工具，能吸引到我們全球組織裡數百位老師、領導者和教練。這個有點超出我們建議的十二條規則，然而其包含了全球四十多個國家的專業人士。

布萊爾．辛格培訓學院榮譽典章

一、以下為支持布萊爾．辛格培訓學院之優先順序：

a.使命第一（包括家庭、自我及靈性的使命）

b.團隊第二，以及

c.個人第三

二、絕不放棄任何需要協助的夥伴。

三、每一個人都必須要銷售。

四、對別人的要求要高過於他們對自我的要求。

五、在生理上、情感上、經濟上，以及專業上成為你自己所教導及教練的典範。

六、準時。

七、在二十四小時內對所有要求做出回應。

八、承擔責任並負起責任：不怪罪、不批評、不指責、不辯解。

九、永遠要做對大多數人事物有最高利益、對所有人有最少損害的事。

十、在合法、合乎倫理與道德的範疇內，盡己所能的去獲取勝利，並且慶祝所有的成功。

十一、直接面對問題，願意提出指正，也願意被指正。

十二、尊重所有的協議（約定）。

a.在第一時刻處理任何可能會違反約定的協議。

b.立即處理任何已經違反約定的協議。

十三、與可以做出合適處置的人溝通！溝通要直接！

十四、要有始有終！

十五、在所有個人及商業交易中保持互惠。

十六、在所有交易及溝通中保持誠信。

十七、絕不棄守崗位。

十八、定期主動接受個人成長的教練指導，對所有布萊爾・辛格培訓學院的教材及課程融會貫通，並參與課程複訓。

十九、完整地揭露所有商業交易與發展。

個人榮譽典章

對於任何團隊、任何家庭或在任何企業中，最重要的價值之一就是信賴和擔當責任，若沒有信賴和擔當責任，其他的規則就無法實施，這也是為什麼最重要的一條規則就是——由你開始。在團隊裡的每個人同意為個人行為和團隊的行為負起個人的責任，我們對於擔當責任的定義為：不否認、不推卸責任、不狡辯或是找藉口……承擔責任。

光是這一條規則，不僅徹底改變了我的生命，也改變了全球成千上萬個勇於實踐此規則的個人和企業，我們完美嗎？天啊～才不是呢！但是我們夠在乎自己，不願讓自己失望！

我個人的榮譽典章其中一條就是，我會讓自己處在一個周遭的人對我的要求比我對自己的要求還要更多，這個真的非常重要！既然你正在讀這本書，那麼我要告訴你有個很棒很偉大的東西在你之內！我已經與世界各地幾十萬人一起合作過，在大多數的人內心都找得到偉大和雄心壯志，這點我從來沒有失望過！也許這被埋沒了，大家可能不知道怎麼去把它找出來，但是它就在那裡。所以，為了讓自己處於最佳狀態，有一件我最常做的事，就是讓自己處在別人對我的要求比我對自己的要求更多的地方，因為我只知道我所知道的。

處於你周遭的都是哪些人呢？他們是否阻止了你變偉大？我的意思不是指你不應該

愛他們，我也不是叫你要放棄他們，我是指你必須對他們有所要求，這樣他們才會對你有更多要求。我發現很多人都很偉大，但是他們的偉大都被周遭的人給扼殺、遮蔽或排除在外，這些人會讓他們變得渺小、被淘空，如果你要成為一個偉大的顛峰領導者，那麼你就有責任去讓他人成為他們最棒的自己，然後再引發他們去讓他們周遭的人也變成最棒的自己！這個無法自己單獨辦到，單打獨鬥的日子已經過去了，「約翰．韋恩（John Wayne）」式的領導時代也早就是過去式了。

你需要去決定對你和你周遭的人來說什麼是重要的，你個人的榮譽典章是對於你是什麼樣的人的一種見證，它也會將訊息傳達給你的團隊，你過去為自己創造了什麼樣的問題或模式，會讓你想要解決並一勞永逸地拿回主控權？什麼是你真正堅持的而且會為之負責的？在你百年之後，大家比較會記得的是你所主張的事，而非你所賺的錢。

請記住，你個人的榮譽典章必須和公司的榮譽典章同步，如果兩者偏離太遠的話，你也許能忍受這種脫節一段時間，但最終這會帶來挫折和怨懟。當你知道你自己打破了規則時，你個人的榮譽典章也會堅持對你自己指正。

團隊裡的每個成員都有權利和責任對違反規定的人「指正」，要做到這一點，必須要像谷歌公司（Google）在他們二〇一二年的研究團隊的「亞里斯多德計畫」（Aristotle Project）裡所提出的「心理安全感」。你必須創造出一個環境讓團隊成員感覺到安全，不必擔心受到攻擊、嚴懲、情緒或心理戰的影響，對於如何做到這一點，我們將在討論如何執行的章節有更詳細的說明。

辨別價值觀、闡明意義和同意榮譽典章的規則，這整個過程有助於培育一個安全的環境，榮譽典章是建立、招募團隊或是授予團隊自主權的單一最佳利器！在過去三十年裡，它一直是我們在世界各地幾乎每個產業所合作過的、數不清的案例研究當中的中心點。

「不要祈求安逸的人生，祈求擁有撐過艱難的力量。」 ——李小龍

Chapter 7

Protocols 協定

到目前為止，我們已經歷過許多不同的步驟，但這一切是如何布局的呢？而你又該如何將一切應用到你的事業上呢？

首先，我們從使命開始，使命就是一個比我們所有人還要宏大的事物，一個能賦予動力和鼓舞人心的事情，一個我們也許永遠無法實際達成，但會為之奮鬥的東西。

接下來，我們必須要辨認出為什麼我們這麼做的原因，團隊中的每個人都必須有一個為什麼他們認同這個使命的個人理由。

第三步，去找出對我們所有人而言，什麼是重要的價值，因為在出現紛爭、差異和心煩意亂時，我們都需要依靠價值的力量。請記住，當情緒高漲時，理智會變得低落，而價值觀提供給我們一個行為準則的框架。

根據我們的價值觀，我們就可以來制訂規則，也就是所謂的「榮譽典章」，一套不論順境逆境，我們都可以依循行事的規則，從這些規則中會產生協定。協定是為了保護你的企業、家庭或團體某些最重要的核心價值，而形成的程序、系統和一套規定。這是在特定情況下該採取何種行動的一套正式程序，為了體現公司的核心價值，協定為公司期望的理想行為提供了細節和範例，這麼一來，團隊成員就不會有誤解的空間。

舉例來說，如果「永不拋棄需要幫助的隊友」是基於你公司價值觀而訂定的規則之一，那麼這條規則的協定會是什麼樣子？如果有人工作到很晚而且他們進度落後，那麼協定就會是要去詢問：「有什麼我們可以幫忙的嗎？」這並不一定是指我們非得要去幫他們做他們的工作不可，也許有一個人可以留下來幫忙，也或者可以將工作拆成輪班制。

這裡還有另外一個「沒有團隊成員會被拋下」的協定範例——這是取自歐弗雷德．藍星（Alfred Lansing）的著作《冰海歷劫七百天》（*Endurance: Shackleton's Incredible Voyage*），這個故事是講述歐內斯特．沙克爾頓（Ernest Shackleton）帶著他的團隊到南極探險，而他們的船卻因流冰被困住了十個月，這艘船最終還是被壓碎了，所以他和船員們又花了五個月的時間想辦法在浮冰上生存，直到浮冰也解體了。他讓船員們坐上救生艇，越過波濤洶湧的大海，來到了象島。在象島（Elephant Island）上，船員們又度過了四個月，而沙克爾頓則繼續航行以尋求協助，一共花了四次救援任務，才讓所有人平安返家。

在船上，每個人都會輪流站崗，無論他們有多疲憊、有多寒冷甚至是凍傷，每四小時都會有人輪流守衛，當他們在六．七公尺（原文為：二十二英吋）的小船上時，會輪流由內往外舀水和航行，好讓其他人可以休息。這種輪班站哨是沙克爾頓的船員得以存活和擁有生機的原因之一，如果他們沒有這種協定的話，他們有可能無法存活下來。他們的協定是建立在一套嚴格的規則上，這套規則是由他們的價值觀所鑄造而成的，也就是「我們會一起度過難關」，無論存活率是多少，加上還要面對十二至十八公尺（原文為：四十至六十英呎）高的巨浪、冰山、冷到骨子裡的雨、酷寒以及缺乏營養食物等等，做為一個團隊的我們一定能活下來！

他們緊密地團結在一起，幫助所有人度過難關，而能做到這個的唯一方式，就是因為他們遵守了以核心價值為基礎的嚴格協定。他們有個任務，第一個任務是到達南極點，不過失敗了，下一個任務則變成了每個人都要活著回家，他們的價值觀是什麼呢？是照顧每個人！在極端環境的條件下，這個規則變成了實際上真的保住他們性命的協定！

吉力馬札羅山上的協定

我們的嚮導——凱文和克莉絲頓——同樣也具體實現了「沒有團隊成員會被拋下」的價值觀，並且制訂了規則及協定來支持這項價值觀。如果你還記得，凱文在高中時期打籃球時背部受傷，他後來上了大學，但是他的大一生活卻過得很糟糕，以前很習慣打球的他突然無法再運動了，他簡直不知道該做什麼才好。然後有個朋友邀請他去奧勒岡州玩，順便爬爬胡德山，這個經驗改變了他的生命軌跡，這個經驗後來也讓他幫助了成千上萬的人，以及拯救無數生命。

攀爬胡德山是他第一次的登山經驗，然而這也是他第一次體驗到什麼是真正的團隊運動，而且可能是命懸一線的活動，攀登高山是一項團隊運動，每個爬過吉力馬札羅山的人都會說，如果沒有團隊支持他們根本辦不到！這不只是句客套話或老生常談，這是真的！當團隊裡有人倒下，就會有人起身，就這樣每個人互相幫助度過每一天。

在大部分的情況下，攀登吉力馬札羅山是安全的，雖然還是有可能會發生，但很少有人面臨死亡。在這種攸關生死的急迫感下，規則和協定就變得極為重要，如果沒有遵守，就會有直接而嚴重的影響。

如同我之前提過，在吉力馬札羅山上，凱文和克莉絲頓是訂規矩的人，不是我也不是其他的團員。這個協定是很基本的，以健康安全為優先的基礎核心價值，每一項規則都不僅僅是解說過而已，而且是會在違反時嚴格執行的！

這些規則例如：每次上廁所之前和之後，以及進入用餐帳篷前都要洗手或消毒；在山路上絕對不能超過帶隊的嚮導；早上九點準時從營地出發；在還沒收拾好行李之前不進入用餐帳篷；每天至少飲用三公升的水；要吃飽；如果身體有什麼狀況，一定要告知嚮導你身體的感覺；對於你的健康狀況及所有正在服用的藥物一定要誠實告知；在尚未與克莉絲頓確認前，請勿服用任何藥物。

我們有聘請挑夫專門負責搬運所有裝備，他們都是了不起的人，有著不可思議的力量，優雅又善良。尊重是我們登山的核心價值之一：為了這座山、為了他們也為了我們彼此，因此，規則是我們不能將超過四十磅重的東西放進他們為我們每個人扛的裝備袋裡，因為這會危及他們的健康與安全。

在山上，有一套需要服從規則的協定，也有一個日常生活作息時間表，包括起床、打包行李、吃飯、啟程出發、調整步伐、如何呼吸、跟隨、休息和睡覺，有些協定看起來有點煩人或是不必要，但是嚮導們都很堅持，為什麼？因為如果突襲式地問他們在山上最重要的價值或最優先的是什麼，他們會毫不猶豫地回答：「安全第一！」如果從這個角度來看，一切就十分合理，舉例來說：如果你想拍照的話就停下來別動，否則你可能會絆倒或跌落山谷，不僅會終結你的登山活動，也可能危及到整個團隊的安全。

有些人會覺得遵守這些協定很困難，有些人會很掙扎，而其他沒有掙扎的人則是在整個過程中支撐著團隊，例如：每天早上六點半以前在你的帳篷裡請勿說話，為什麼？因為在營地裡其他的人還在睡覺，而且對這趟登山之旅來說，每一分鐘的休息時間都是很寶貴的。

在我們的晚間彙報，做為一個團隊，我們會討論這些協定，以及這些協定是如何對應到K2的核心價值觀，很明顯地這些協定對於保護我們每個人來說是非常重要的。在吉力馬札羅山上，協定充分反映出規則，嚮導們在當下都十分果斷，換句話說就是，不！你不可以服用那個藥物，是的！你一天可以喝到四公升的水。

請記住這一點（如果沒有別的）：榮譽典章及其衍生出來的協定都是設計用來**保護你，讓你免於錯誤決定的傷害！**

協定對你的重要性

當我們確立企業的核心價值觀時，我們研究了多年來我們制訂的協定，以及它們有多大程度反映到規則上。我們發現在商業界，普遍來說協定比較鬆散，有部分原因是因為在山上，協定攸關生死，而在商業界情況很少這麼極端，然而如果沒有嚴格的協定，就有可能產生混亂或平庸的結果。

我知道在自己的事業中，我並不是一直都很果斷明確，我會說：「好吧！我們先試試看，再看狀況怎麼樣。」或是「這是我們現在要執行的指導方針，我們下週可以再討論看看。」以前的我並不果斷，我後來才意識到這一點，應該要迅速和果決地下決策，而不是把它放在那邊，期望不會惹惱大家，然後希望能得到最好的結果。

我們發現大家都可以做得更好的協定，就是創造及確立較短的時間界線。凱文和克莉絲頓非常明確地告訴我們，永遠不要去問明天或以後會發生什麼事，我們只能詢問關於今天的事，一次一步，一次一個營地，他們會告訴我們今天要爬幾個小時的山，要有心理準備會發生什麼，僅此而已！每件事都被切割成容易理解和短暫的時間框架：從起床到早餐、從開始健行到午餐、徒步走到營地，卸下裝備和休息、下午茶、彙報及晚餐，然後睡覺。

這對我來說是個很大的學習，因為我天生的傾向是會有幾十項重疊的、需要安排先後順序的計畫和契約來做全盤考量，我的組織通常不是分階段式的一步一步來，而是一步接著一步，然後突然間有其他東西跳出來，吸引我們的注意力，然後我們就會去研究那個新的閃亮的東西。

大家會面臨到無法承受重擔的原因之一，就是因為他們被太多閃亮的東西給吸引了，他們並沒有一個明確的計畫。有個我們用來幫助企業家避免被閃亮事物誘惑的產品，我們稱之為 PERT，即「計畫評估審查技巧」（PERT），我之後會再做進一步說明，不過這個過程是設計用來將所有的心力都專注於一個特定的目標上，我的意思並不是指你不能擁有好幾項目標！也許你會有五個不同的目標，那麼同時你必須具備五套不同的計畫，而重點（也就是 PERT 能給你的幫助）是要確保這五個計畫在交互影響下，對你的企業來說是有成效，而且有效率的。

大家會面臨到無法承受重擔的另一項原因，便是他們沒有團隊，或是他們的團隊並不適任，關於這點，我後面也會再多做說明。

我在我的個人生活中也已經開始實踐「一步協定」，我有一套固定的生活常規；早上起床的第一件事就是喝四百五十五毫升的水，然後刷牙、整理床鋪，然後我會開始我的「奇蹟早晨」（哈爾・埃爾羅德〔Hal Alrod〕提倡）例行程序，包括了一些冥想、肯定句練習、視覺化練習、運動、讀書和寫日記。這可能要花上一個小時才能開始我的一天，但我一天的運作是有效的，因為這個例行程序就像我一天的指南，可以讓我的腦袋很平靜，因為我很清楚接下來有哪些步驟要進行。

我常說，人無法計劃往事，有長期目標和策略是好事，甚至可以說是必要的，但是為了讓團隊更專注，你必須縮短與目標的距離，不能操之過急。

在事業上，如果你在做的是新的產品或服務，你不會真的想要憑感覺行事，你會需要從過程的角度來思考，事先決定我們要如何一步步地執行這個計畫；不過當然，一定會有意料之外的事情發生而擾亂了計畫，但是身為領導者，有了最初的專注和參與，在整個過程中若發生意外事件，你要應對起來會比較容易。自從第一次登頂後的這些年來，知道和理解吉力馬札羅山的第一項重要課題，即一次一步之後，我學到了這會帶來很多情緒上和心理上的釋放及舒緩。

就像核心價值觀一樣，你會需要花一點時間來理解有哪些協定最能支持你的價值觀，以及如何有效地實施協定？協定會有助於招募、激勵和整合團隊，然而要小心，太多的協定有可能會變成管太多，而抑制了創造力。

「創業要找最適合的人，不要找最好的人。」 —— 馬雲

Chapter 8

團隊招募

「在座有多少人會想要去吉力馬札羅山？」這是我在世界各地分享我的經驗及一段三分鐘的影片之後，會問觀眾的一個問題。通常大約有三分之一的觀眾會舉手，另外三分之二的觀眾不會舉手，對這三分之一的觀眾而言，這趟體驗似乎很具啟發性、冒險性，而且似乎是個「好主意」。

對其他人來說，這個體驗很不錯，但不是他們的菜，這很好！因為對於人員募集的一個大課題，正是無論你為了什麼在招募人員，都不會適合每一個人！我們邀請這三分之一的人接受資訊說明電話，有二分之一的電話接通了，在這二分之一的群組當中，又會有三分之二的人發現原來這需要下一番功夫，所以他們退出，而剩下的這一群人就是真正受到山的呼喚，真心想要去探索。

對這群人來說，他們的登山之旅早已啟程！為了要成為能攻上吉力馬札羅山頂的人，他們在心智上、情感上以及身體上的攀爬早已開始。

在你生活周遭的人會決定你在人生中是否成功和是否擁有財富，如果你想打造一個優秀的團隊，我的經驗值是金錢、認可和感謝很難為你吸引到好的人才，如同我之前提過，你的使命、核心價值以及榮譽典章才是最有利的人才招募工具。這三個基礎概念可以讓每一個有潛力的求職者找到以下問題的答案：「我為什麼會想在這個機構和你一起工作？」如果是對現有的團隊成員來說，問題則是：「為什麼我應該要繼續和你一起共事？」請注意我的用詞是「和你一起」而不是「為你」工作。最佳的團隊成員不會對「主僕關係」有興趣，而是對一段能一起合作、創新和個人成長的關係有興趣，那些有強烈吸引力、令人信服的領導者才能吸引到合適的團隊。

現今，當你在面試求職者時，他們也在面試你。例如你在一個就業博覽會上，有好幾位求職者排隊等著見你，假設他們全都符合資格，而且任何一位都有可能成為你夢想團隊的一員，你會怎麼選擇？我通常會做一件事，首先我會告訴他們，我們的使命是去創造全世界最棒的老師、領導者以及顧問，以改變我們學習的方式及幫助企業家成功，然後我會問：「你為什麼會想和我們一起工作？」第一位求職者說：「嗯，我真的很喜歡你們公司，而且這看起來是個很好的機會，薪資和福利都很好！」第二位求職者回答：「這個使命真的很吸引我，如果我可以成為這個組織的一部分，我認為我會有很大的成長，你們的福利真的很好，但我對這個使命及我要如何影響他人更感興趣！」

很明顯地，我會雇用第二個求職者，因為我可以看見他的價值觀與我公司的價值觀和使命相符合，我相信一個人應該為了使命才成為團隊的一員，而不光只是為了錢！在我的領導模式中，這個是非常重要的！如果我檢視一下我整個創業生涯，幾乎都是那些被使命驅動的團隊成員把我從每個所遇到的問題中拯救出來！曾經在一家公司裡，有一個團隊對我說：「我們願意免費工作，如果必須晚一點才拿到薪資也可以，我們願意是因為不想讓這件事不了了之！」

正是因為對使命有這種承諾，我和我的公司才得以存活並成長茁壯，所以，與其期待你能得到這種答案，倒不如從一開始就找到在心態上願意為使命而打拚的人，你必須要給大家合理的報酬，但是當他們為了使命而努力時，金錢就變得次要！他們會在這裡是因為他們想要，無論你的公司想要做的是什麼，他們會想要完成任務；不過，這也不是完全的利他主義，從利己的面向來看，是他們想要自己成為更好的人，所以他們將你的公司視為可以實現這個目標的一種方式。

一個優秀的團隊不只是一群擁有共同目標的人，而是一群人承諾要一起合作達成共同目標，而且在這個團體中，每個人獨特的能力都會受到考驗並發揮到淋漓盡致。一個優秀的團隊會勇於接受挑戰，雖然有時候會一團混亂、挫折，而且一點也不好玩，但他們會為了公司和他們自己而重視所達成的成果。

我從來都不是那種會花高薪聘雇員工的雇主，而且我也從來不承諾我辦不到的事，但是對於那些來到吉力馬札羅山的人，我承諾當他們從那座山下山時，他們會是到目前為止體驗過最偉大、最佳版本的自己！也許你正在想：「嗯，那可能是因為爬的是吉力馬札羅山吧！」然而，這個是我在我事業上的承諾，也同樣是約翰·甘迺迪在一九六〇年代設定要登陸月球的目標時所許下的承諾：

> 「我們選擇在這十年內登陸月球，同時完成其他壯舉，並不是因為這些目標容易達成，而是因為它們深具挑戰！因為這個目標會促使我們重新整合並

檢視自己的能力與技術。因為這是一個我們願意扛起……一個不願意再拖延的……一個我們想贏得勝利的挑戰。」

招募人才是領導者的責任

很多公司常常倚賴應用軟體和企業招募人員來幫他們的團隊找到求職者，如果你只是用這些來得到一份更精簡的求職者名單，這些是蠻不錯的篩選機制，但是在某種程度上，如果你是為了一些關鍵的職缺而尋找人才，那麼你就必須與他們面談！而且你必須確保你們的會談是有效的、能發揮作用的。

我曾經幫助過許多大大小小的企業進行人才招募，人力資源部（HR）會收到一份篩選過的求職者名單，通常他們是最先與求職者面談的人，前線的部門可能已經告訴人資部他們需要一位符合某些條件的分析師，我會說：「好的，我知道了，但是他們還需要什麼？剛才那些是技術的部分，在行為的部分你們需要什麼樣的人？你們需要的是可以團隊合作的人嗎？還是需要能獨自作業的人？要標新立異的人嗎？你們想要創造什麼呢？」這些是需要詢問的重要問題，如果人力資源部沒有這些問題的答案，那麼團隊的領導者就應該提供這些資訊。

如果沒有問對問題去篩選求職者，情況可能會有多糟糕呢？以下就有個這樣的案例：我曾經與一家大型投資銀行合作，他們遇到的問題是他們的業務團隊無法爭取到新業務。當他們打電話給客戶時，我會在旁邊一起聽，之後會分析電話的內容。這事有點棘手，因為我不得不告訴管理高層，他們的團隊太忙於對客戶追加銷售，所以他們根本沒在聽客戶說話。

某天有一位他們客戶的投資經理正在電話上，而我與該投資銀行約十名左右的人坐在會議室裡，銀行家在問了客戶一兩個問題後，就請客戶稍候，然後把電話調成靜音，他們開始討論了起來，為客戶想了一堆主意和解決方案，問題是沒有一個人真的傾聽客戶說了什麼！

然後他們把電話接了起來，讓客戶再講了一下，他們並未察覺到客戶的顧慮，就自顧自地回答：「是的，我們了解，我認為我們可以提供給您一個絕佳的解決方案。」你可以聽到客戶說：「嗯，我不太確定，我需要跟我們的委員會討論一下。」而銀行家們則是持續不斷地推銷，直到客戶找到一個藉口中斷那通電話。

當他們掛斷電話後，我問他們覺得如何，他們說：「嗯，我不知道耶，我們提供了一個完美的解決方案，但他似乎不太開心。」我問他們對於客戶不開心的原因有沒有任何想法，結果沒有人知道，於是我解釋說：「那是因為你們根本沒有在聽！如果你們有認真傾聽的話，你們就會聽見他的顧慮，因為你們上次的慘敗讓他在他的委員會面前顏面盡失，他受到股東們的猛烈抨擊，老闆也對他百般刁難，他提到了這些和一些其他的事，但是你們沒有一個人聽到他說的話！」

那麼，為什麼這個例子與我剛才所說的有關聯呢？如果我們去追溯這些銀行家是怎麼被雇用的，就不難發現他們被雇用的原因是因為他們都是班上的佼佼者，他們是最厲害、最聰明的人，他們也是離群的、特立獨行的槍手。如果你把這些人都放在一起，你得到的不會是一個團隊，他們的焦點很少放在客戶身上，更別提能與客戶起共鳴，對他們來說，解決方案比客戶重要，他們只在乎自己和自己的佣金。

而這一切都要回歸人才招募，哪些是你要招募的人，以及為什麼要招募他們？如果你沒有經過篩選，也或許身為老闆或領導者的你並不清楚情況，以致你招募到錯的人，放到錯的位置上，那麼剛才那個例子就能讓你明白會發生什麼後果！如果你之前並沒有從使命和價值觀的角度去考量，如果你之前只是想為公司的職缺找到最厲害最聰明的人，那麼你就需要去定義在你公司裡，怎麼樣才叫做最厲害最聰明。

當我招募到一群想要成為優秀領導者和老師的人時，我會解釋給他們聽，我們的使命以及這個使命是如何發展出來的；同樣地我也不會給他們任何保證，只有說如果他們加入我們，他們會體驗到最佳版本的自己，而且這個行得通！所以大家是有備而來，他們付了一大筆錢（沒錯！他們是付錢給我們）要來接受訓練，成為改變市場的教育家精英團隊的一員。

如果你去世界各地詢問任何一位我們的講師，為什麼他們要加入布萊爾．辛格培訓學院，他們一定會毫不猶豫地回答：「為了使命。」

然而，就像其他事情一樣，不是每個人都能走得很遠，有些人的「為何而做」改變了，使命不再是優先要務，他們的需求或欲望戰勝了，於是他們屈服於古羅馬神話裡尤利西斯（Ulysses）的海妖。

對大部分的企業家而言，追求下一個閃亮的東西是常見的挑戰，你們總是會看著別人在他們的行銷或事業裡在做些什麼：「哇！那真是個超棒的主意，我想做那個欸！」所以你把部分的行銷工作轉移去做別人正在做的事情上，然後會發現這樣行不通，你又得要從頭來過，這就是你分心了！

隨著現今科技的進步，實在太容易讓人分心了：臉書廣告、新的「銷售漏斗」（click funnel）、不同類型的潛在客戶收集系統，以及所有那些東西都會一直引誘你，因為你看不到這些系統幕後巨大的工作量，所以通常你只會得到些微的回報。

我有個客戶也是商業教練，有一次我在接聽他的教練電話時，他表達了自己有多麼挫折沮喪，因為他並沒有得到他想要的結果。當我在聆聽他對於接下來一週的工作計畫時，我發現到他又再一次地飄走了，前一週，他為他的客戶提供了不同的建議，兩三週前，他曾經決定只與企業家合作，幫助他們賺得更多，在更早之前，他的計畫是幫助大家在人生中得到財富自由。我說：「老兄，等一下！你在做什麼啊？專注做一件事，才能讓自己有機會贏得勝利。」他在做的就是原地踏步，哪兒都去不了。

這就是個典型的為什麼應該要使命優先的例子，當你忠於自己的使命、核心價值觀，以及支持使命的協定時，你自然會保持專注，一步一腳印地做事。

回想一下我與退役的三星中將傑克．貝格曼關於他如何招募海軍陸戰隊員的談話，在考量到薪水不高、工作條件惡劣，而且生死存亡只在一線之隔等等，所以一定有相當強大的東西來激勵大家從軍；我清楚記得他的回答：「這些年輕人想要成為比他們自己更偉大事物的一部分，他們想要成為海軍陸戰隊員，是因為他們可以變成他們想成為的那個人。」

想當然爾，並不是每個人都想成為海軍陸戰隊員，就像不是每個人都想攀爬吉力馬札羅山一樣，不是每個人都想要在我的企業工作，也不是每個人都想要與你共事，然而，那些能夠幫助大家成長的領導者，可以提供機會讓大家成為比自己更宏大事物的一部分，就會有辦法以對的原因吸引到對的人進入團隊！

「平庸的老師照本宣科，好的老師解答疑惑，優秀的老師以身作則，偉大的老師啟蒙思想、激勵人心。」

——威廉・亞瑟・沃德（William Arthur Ward）

Chapter 9

教導與學習

這個是我很久以前學到的領導力祕訣：領導者必須是老師，他們必須教育、啟發和賦予他人力量……並且活到老學到老。

領導者必須是老師

這個不為人知的事實正是能讓組織卓越的祕訣，而且這個幾乎被大家忽略！每個企業家都希望團隊能思考、解決問題、相互溝通、合作和擔當責任，對吧？但是團隊要怎麼樣學到這些呢？

在學校學？不可能！長久以來，學校所重視的一直都是讓學生通過制式化的考試，在我看來，只有少部分的老師具有領導天分，而且他們也沒有時間去教導學生例如相互配合、合作、合力解決問題等等的生活技能。請別誤會我的意思，曾經有少部分傑出的老師真的教導過我，但他們大部分都是專業的「說書人」。

即使分配好了分組作業，每組通常也只有一到兩個人做整個小組的作業，到頭來他們會感到挫折沮喪，並且很氣小組裡的其他人，這種挫折就是最好的訓練，因為這就是人生！所以在小組裡，我們要做的不是歷史課的作業，而是去處理小組內一些亂七八糟的事情，以便能完成老師交辦的作業，這個才是最根本的、主要的活動，如果學校老師能理解這個概念就太好了，可惜他們不懂。是的，我們要完成這項作業，不過關於人的部分你學到了什麼？還有關於自己的部分，你又學到了什麼呢？

為了要闡明觀點，我要來講一個故事，身為富爸爸集團顧問，我在我兒子的班上當義工，每個月一次，教一堂財務金融相關的課程。我記得是他小學三年級的時候，我將班級分組然後說：「好的，你們的任務是去創造一項商品，然後把它賣給大家，不可以賣給你們的父母，我們最後要來看看誰賺的錢最多。」

這個作業其實很簡單，大家都很興奮，一個月後我讓他們回到自己的小組，教室裡簡直是一團混亂，我心想：「太好了！」然後我問他們：「有誰想要分享？」

有個小孩說：「產品是我做的，賣產品的也是我，最後收錢的也是我，其他人什麼事都沒做。」其他的小孩開始說他們自己做了什麼，然後開始抱怨他們那些說話不算數的隊友……整個鬧哄哄的教室充滿著怪罪、指責和抱怨，孩子們愈來愈生氣，老師們則嚇壞了，因為他們覺得全班快要失控，老師們驚慌失措。我心想這真是太完美了，正當老師們要阻止我的時候，我說：「那麼，所有人都有學習到什麼嗎？」

全班一片靜默……

在整個騷動之中，有個小男孩獨自一人坐在地板上，帶著一頂軟軟的牙買加黑人式的帽子，他舉起手來，我請他回答：「是，請說，你學到了什麼？還有哪些是你正在學習的？」

他說：「辛格先生，我學到的是，我認為跟錢有關的都很容易，人才是真正的大問題。」

我大笑地說：「老兄，你以後會是個有錢人！有一天你會成為一個非常有錢的企業家。」

對一個年幼的小三生來說，這是個非常好的學習，他的結論有多麼寫實!?我認為這才是真正的教育，但是我們的公立學校系統並不在乎這些，老師們仍然被失控的孩子們給嚇壞了。

有時候我在想，如果我們回到十九世紀中期對年紀較大孩子的教育方式可能會更好，孩子們是在工作場所實際向師傅或老師學習，這樣也才能學到他們真正需要的課程。

今日，像日產（Nissan）和豐田（Toyota）汽車等這樣的企業已經創立了他們自己的大學和學校，為了他們的工作職場來培養孩子，學校裡教授工程學、團隊發展、合作、溝通等等，為什麼呢？因為他們意識到現有的公立學校體系並無法讓孩子們具備未來職場上所需要的能力，因此他們用自己創辦的學校來取代高學費的公立大學，然後真的提供薪水優渥的工作機會。

這個時代的顛峰領導者是「老師／領導者」，因為很明顯地全世界的教育體系都沒有教導大部分的人該如何團隊合作、如何溝通、如何鍛鍊心智、改變習慣、培養穩固的關係、適應改變中的環境、具備財務知識及能力等等。

那麼我們要上哪兒去學這些東西呢？當然是從那些了解自己身分也是老師的領導者那裡學。光是在商業領域，每天就有上百種課題朝我們而來，偉大的領導者會將他們的企業視為學校，如果企業是學校，那麼我們就是老師，不只是教銷售、訓練及資訊科技（IT），還有教導如何合作、如何溝通的課程，以及關係、倫理道德和服務等生活課程。

在現今瞬息萬變的環境裡，有愈來愈多的生意是在遠端完成的，也有愈來愈多的自動化程序，對領導者而言，要傳授社交技能給他的團隊也愈來愈重要。在傑夫・布斯（Jeff Booth）的《明日的代價》（*The Price of Tomorrow*）一書中，作者談到現在科技進步的速度在愈來愈短的時間內翻了兩倍、三倍、四倍，這個精靈不會再回到阿拉丁的油燈裡，它正在加速，這也是為何你要成為顛峰領導者會如此重要。你必須要了解自己的職責不再是關於技術類知識和技能，而是要有能力教導你的團隊如何以有利於他們的工作、環境和周遭一切的方式行事；如果你不這麼做，你不會成功，即便成功也可能只是曇花一現，更別提你可能會吸引到錯的人進入你的團隊。

我在前言裡提過，敦豪國際的創辦人鍾普洋先生甚至以一個更高的層次來看待這件事，他說：「對於從商的人，他們有社會責任要將知識傳授給他們團隊的領導者及後輩。」

現今，身為領導者的你能幫助你團隊成長茁壯的最佳方式，就是去教導他們！

在各行各業，你最佳的資產就是你的團隊！而最麻煩的地方就是團隊沒有溝通的能力。每天都有寶貴的課題等著他們去學，領導力的終極形式就是具備教導你團隊如何成功的能力，不是口頭說說或是自嗨型的獨白告訴他們該怎麼做，也不是老生常談地訴說你當年的英勇事蹟，而是藉由讓他們參與、實習、鑽研，挑戰他們，讓他們在這過程中搞得焦頭爛額、灰頭土臉。

觀看球賽影片不會學習到如何打球，跟父母做一樣的事並不會讓你學到怎麼教養孩子，光靠讀一本書，你也不會因此就打造出一番事業，也不會因為有人告訴你該怎麼做，你就知道該怎麼團隊合作，學習這些都是需要有人教導！

在我公司裡，有一條很棒的規則是任何為我工作，或是與我們一起工作的人，都要消化吸收我們教導大眾的所有課程，這套訓練的一部分就是你必須去做、去練習，大家都這麼做，這是最重要的。同樣的，我們也教授其他的商業技能，例如銷售、行銷、企劃、溝通和解決問題……以及其他一些協定。

我們同時也指導和傳授技巧，舉例來說，你要怎麼面對和處理一個對某件事很生氣的客戶？我們會問大家他們會怎麼處理這件事，然後我們會對他們的處理方式給予意見回饋。在他們實際面臨到問題之前，就先利用角色扮演的方式模擬整個情境以便學習。

教學是整合了領導、銷售、啟發動機和實際參與，教育並不等於將資料數據填鴨到大家的腦袋裡，教育應該是反覆練習和發現，例如，透過反覆練習和鑽研來體驗銷售行為，你就愈能發現它的運作方式，該怎麼應用及如何致富。

這些年來我所指導過的成千上萬的企業家已經成為這種教育的主要推動者，他們已經學到如何去創造一個學習、成長和負責任的環境，無論順境或逆境，他們的企業都已經賺進上百萬美元，他們也成為了優秀的老師和領袖，而不是傳教士。

在我的職業生涯中，我已經發現這是個我可以兌現的承諾。這並不容易，並不是每個人都適合當老師／領導者，不過當面臨槍林彈雨的時刻，我會很高興你的團隊是為了對的理由而加入，是一群對的人！

是的，這個很困難，有很多不確定因素，也可能有起有落，但最終如果你實行我們的榮譽典章，你就會成為你想成為的那個人！

我曾經合作和指導過一些世界五百強的公司，那些聽從我所傳達訊息的領導者，都已經在他們的產業中打造出最強大最神奇的團隊，並且讓他們的企業產生很大的改變。

領導者必須是學生

領導者要活到老學到老，才可能成為一個有成效的老師。

我相信你們都聽過一個成語——「以身作則」，當我們談論到讓你的團隊成長時，你所做的比你所說的還來得重要。如果你想要你的團隊持續學習和成長的話，你必須讓他們看見你全然接受這個概念，當然這需要投入時間和金錢，不過一直持續不斷學習的成功領導者比起其同儕，能發展出更強的領導技能。

北卡羅來納大學（University of North Carolina）營運學副教授布萊德．史塔茲（Brad Staats），亦是《永不停止學習》（*Never Stop Learning: Stay Relevant, Reinvent Yourself, and Thrive*）一書的作者，他說：「今日節奏快、變動迅速的全球經濟推動著我們要不斷學習，否則我們容易淪為不合時宜，有見識有能力的領導者意識到這是指需要投資在他們自己的學習之旅，以便讓他們發展出能持續成功所需的過程和行為。

而沒有推動自己持續學習的領導者則會有落後的風險，他們會缺乏產生新想法的能力，無法從新的觀點來解決問題，並且在工作中容易落於自滿和老套；更糟糕的是，團隊成員會因為公司無法再對環境、技術和競爭的變化做出適當的回應，而對公司感到失望。美國道德與社會哲學家艾力．賀佛爾（Eric Hoffer）說：「在劇烈變化的時代，只有那些願意學習的人才能繼承未來，那些停止學習的人通常會發現他們具備的生活技能只適合在一個不復存在的世界裡。」

對學習者來說，學習的方式五花八門，你可以閱讀書籍、聽網路廣播、在聽演講後的問答時間提問、參與研討會、加入策畫小組，還有就是我個人最愛的一對一教練指導等等。這張清單所列出的並不是只有這些選擇，當你處在學習模式時，學習機會可說是無所不在，有些最佳的學習機會是當你正在教導並且發現你的團隊學到了些什麼，正所謂教學相長。

甚至是在你工作職責以外的地方都可以學習：烹飪課程、學習彈奏樂器、在非營利機構做義工，或是學新的語言，這些新的活動都可以刺激你的大腦、擴展創意和助於批判性思考。學習一些超出你能正常掌控範圍以外的東西，能打開你的心智，讓你從不同的觀點去看待問題，這麼做也能在你大腦中建立新的腦神經通路，挑戰你舊有的假設，並帶來解決問題的新工具。

攀登吉力馬札羅山是一個我所學到的大型的跳出框架的課程，甚至我當時還沒意識到這件事，至少在第一次攀登時沒有意會到；但是第二次從山頂上下來的時候，我就像被五雷轟頂一般，我學習到超級多關於自己的部分，不光只是認識到自己，我還學習到凱文和克莉絲頓為了帶領我們上山所做的事，是可以應用在其他的領導者身上！我之前一直為了同樣的原因回去，以後也會，因為每次回去都會學到一些新的東西。有時候是因為這座山的教導，有時候是因為我的隊友，但大部分是因為一種類似內在的靈性學習。

由於登山的時候我幾乎是與世隔絕，我變得有時間從一個很棒的角度去檢視我的事業和人生，這對我來說是個巨大勝利，也是個重大的學習，特別是對於我以為我已經學會的事情有了更細微的發現。

你現在很有可能已經發現我大力地提倡和宣導個人成長，在我的公司裡，我很堅持每個團隊成員都要在公司以外的地方進行個人成長的訓練。這個要求看起來可能很激進，但是過去這二十五到三十年來，我自己一直都有在接受個人成長與發展的教練指導，所以我都會對大家說，如果你要為我工作，你就得這樣做。

無論你的程度有多純熟精通，總是會有更多的東西需要學習。

「緊張並非壞事，這只是因為某些重要的事正在發生。」

——麥可．喬登（Michael Jordan）

Chapter 10

準備與訓練

任何旅程、計畫或任務都分成兩個部分，很顯然地，任務本身一定是其一，而在旅程中關鍵之處莫過於準備工作與訓練。有個流行語說人生只要出席（開始做）就已經成功了八成，我完全不同意這句話，如果你只是「出席」去爬吉力馬札羅山，卻沒有花幾小時、幾天，甚至幾個月和好幾公里的準備和鍛鍊，那你就等著被這座山修理吧！

關鍵就是要學習愛上這所有的過程：準備、鍛鍊和整趟旅程。愛上鍛鍊時你四頭肌的灼痛感，愛上在健身房裡汗流浹背鍛鍊的感覺，亦或是在到達吉力馬札羅山之前數小時獨自步行的時候。許多人都想攻頂，但是願意下功夫的人寥寥無幾。

你必須要學習這兩個部分都愛，為什麼呢？因為如果你扭傷了腳踝，或是因為無法適應海拔高度而必須折返呢？那麼這整件事就都徒勞無功了嗎？如果你兩個部分都愛，並且從中都可以學到東西，就不會有白費力氣的問題。

準備

有許多心理壓力是來自於不知道該如何對未知之事做準備，而事前準備是可以減輕恐懼、焦慮，以及因無法預期的災難所造成損失的一項要素。對有些人來說，事先計劃是很自然的事，另外有些人則喜歡等到問題或情況發生時再來處理。如果你像我一樣是個腎上腺素上癮的人，喜歡事情忙個不停的話，我可以理解事前的計劃和準備好像很無聊；然而，事先準備好的優點是，你可以更快更有效率地處理生活中出現的問題，因為在某種程度上，你手邊已經有些解方了。

在我們實際踏上吉力馬札羅山之前，就已經歷過許多的準備工作。在幾個月前、幾週前，甚至是攀登的前一天，凱文和克莉絲頓都在為我們做準備，因為我們沒有人知道該怎麼登山，我們只是一群中年的「平地人」。

我們會定期舉辦團隊會議、看影片，他們會教我們如何正確呼吸，怎麼調整步伐，在我們背包裡該帶和不該帶的東西有哪些，如何打包行李等等，他們展示給我們看該如何打包日用的背包，讓我們在白天隨時可以拿到所需的東西，卻又不至於重到把我們壓垮。凱文把他整個背包裡的東西全都拿出來放在地上，然後展示給我們看他帶了些什麼、東西放入背包的順序，以及為什麼要這麼放，我們學習到了在不同日子裡該穿著什麼衣服和鞋子。

對於那些住在美國亞利桑那州或附近的隊友，他們會提供健行訓練，我們去到位於亞利桑那州弗拉格斯塔夫市（Flagstaff）的漢弗萊斯山（Mount Humphreys），因為它標高海拔三千六百五十八公尺（原文為：約一萬二千英呎），可以讓我們體驗一下攀登高海拔的山會是什麼樣子，然後再帶著隊員們爬大峽谷。他們為我們設定目標，每週該走幾公里，並且提供健行方式的指引，然後他們後續會追蹤我們的情況，問我們做到了哪些。

他們在事前已經盡了最大努力來確保我們準備妥當，而我們學會去適應我們的裝備、身體和任務，在上山前我們會有一大堆可能會發生什麼事情的潛在焦慮，而這麼做有助於消除焦慮。

我曾經有個機會參加朱利安尼（Giuliani）市長的演講，他在九一一恐怖攻擊事件時正好是紐約市的市長，他說我們在面對和處理九一一災難時的表現，相對來說是蠻成功的，是因為在事件發生之前的幾週、幾個月，甚至是幾年前，紐約市的組織機構一直有在演練所能想到可能會發生的緊急情況或突發事件。

他們演練過可能發生的地震、火災、洪水、劫機事件等等，每一種我們想得到的災難。朱利安尼說：「有一件我們沒想到會發生的是飛機會撞上大樓，但是因為我們已經演練過其他的項目，所以所有的市府機構、消防單位、警察單位、社工人員、醫院及醫療保險工作人員都能立即投入運作，即使他們並沒有為了這個事件做準備。」

我覺得今日，許多世界上正在發生的事情，我們——我指的是我的團隊、我的朋友、富爸爸集團顧問群——這輩子都一直為了這個在做準備，這個就是我們從一九八〇年代開始，到二〇〇〇年代初都一直在練習的：訓練我們的小聲音、訓練自己如何學習、如何挑戰自己、如何不斷嘗試新事物。而現在，當大事不妙，世界亂七八糟時，我們準備好了！我為那些到現在都還活在溫室裡，還沒有跳出框框去學習如何思考，以及沒有為任何突發狀況做好準備的人感到遺憾。

隨著科技進步迅速，有很多我們認為理所當然的職業將會消失；不是在幾年後，而是幾個月之後！一直在接受訓練的那些人（不一定是為了新工作而訓練），那些訓練自己做出改變，訓練自己如何在暴風中心依然保持冷靜的人會做得很好，而那些沒有鍛鍊自己的人將會驚慌失措，他們會變成別人計畫下的獵物，和別人觀點中的犧牲品，這可能有好有壞，但身為一個領導者，你承擔不起這種情況，所以你必須為了未來可能發生的事情時時做好準備。

有多少次你是把任務丟給你的團隊，然後任由他們自己想辦法？不論團隊成功與否，都很有可能讓他們花上更長的時間才能達成目標，並且造成許多的焦慮和壓力。

主動和被動的差別在於是否準備好，我並不是說你不能或不應該具有彈性，亦不是指你必須嚴格掌控一切，而是，做好準備的其中一項益處就是實際上可以強化彈性。事先花點時間想想各種可能的「萬一」情境，當意外真的發生時，你便可以更快更迅速地做出反應；分析這些「萬一」的情況也有助於強化你策略思考的能力，這個也正是凱文和克莉絲頓在還沒帶任何人上山之前所採用的方式。對他們而言，策略性思考、分析所有的「萬一」情況和制訂一套完整計畫來處理這些問題的差別，在於每個人是否能順利上山和平安返家！

對於從商的我們來說，策略性思考及做好準備是我們具有競爭優勢的原因，這讓我們有適應力。當壞事發生時有快速復原的能力，只要你做好準備，當意外出現時，你就不用再去猜測，也就不會後悔，為了覺得你本來還可以做得更多而感到愧疚或嘗到苦果。

為任何任務或計畫做準備最簡單的方式之一，就是先想著結果，以終為始，然後開始倒著想，這是最典型按部就班來達成任務的過程。先從未來你想要創造什麼結果開始，從未來一步步回到現在，想想你需要創造哪些關鍵的事件發生，才得以讓你想要的結果出現，基本上你所創造的就是我們之前提過的 PERT 圖表：計畫評估審查技巧。

一九五七年，美國海軍特別計畫室發展出 PERT 圖表，用來督導北極星核子潛艇飛彈計畫，這個方法至今仍被廣泛使用，這是一種視覺化、形式自由的圖像展現，可繪製成圖表，用來追蹤計畫完成前所有的工作項目和時間表。計畫裡的重要事件會用方框或圓形來表示，並且用指向性或繞行的箭頭來指出要達成這些重要事件的關鍵工作路徑。

這就是我要解釋 PERT 圖表時會講的技術部分，我們的講師都是受過專業訓練的，能幫助高績效的企業家或領導者去創造高績效的計畫，以及如何建構和設計他們的未來，而不是成為未來的受害者。我們的 YouTube 頻道及官網都有許多影片來解釋整個過程，我覺得 PERT 圖表非常有效率，是因為它們有我在第六章所提到的重要作用：它們可以幫助你專注，縮短距離，讓你按部就班的一次一步做事！

你們還記不記得之前我提到過一個人，他每次都被閃亮事物所吸引，所以做事情幾乎每週都跳來跳去，然後覺得奇怪為什麼做不出一件像樣的事情？

我跟他說：「我們先回到最初吧！你幾乎沒什麼生意可做，因為你像個隱形人一樣，在事業上，如果別人看不見你，祕訣就是『先服務他人』。」我告訴他先出去找些朋友，以前他指導過的人，然後跟他們說可以免費指導他們三個月，這樣做一來可以從這些人身上得到一些案例研究，二來可以分析他們覺得他有哪裡做得好的地方，然後就這樣建立起他的事業，而且還要拋下所有會讓他分心的事情。

他做事做過頭了，我們把他拉回來重新定位，現在他的業績蒸蒸日上，我對此能侃侃而談是因為我也常常這樣子跳來跳去的。我每年回去爬吉力馬札羅山的其中一項原因也是為了幫助自己重新校正，去提醒自己消除和放下不必要的事物。當你站在吉力馬札羅山的雲海之上時，山下的事物看起來似乎就沒有當你面對它們時來得那麼重要，找回你事業的初衷，就是把所有亂七八糟的「東西」推到一旁，然後將對你來說最重要的事情重新排序，專注！一次一步！呼吸，一次一步，呼吸！

訓練

光是準備其實是不夠的，無論你的計畫有多美好多偉大，如果你團隊裡沒有一個人知道該怎麼執行的話是沒有用的，想想看這個很少人知道答案的謎題：

有三隻青蛙坐在一塊木頭上，其中有隻青蛙決定跳進池塘裡，請問木頭上還剩幾隻青蛙？

如果你的答案是兩隻，那你就錯了！三隻青蛙仍然坐在一塊木頭上，一隻青蛙決定要跳入池塘並不代表牠已經跳進去了，決定並不等於行動，只有當你將決定付諸行動時，你才會得到結果！準備就是在決定的階段，訓練才會引發行動！

為了讓訓練產生效果，必須循序漸進地提升難度，包括有紀律的重複例行訓練，採用可以衡量程度的責任制，並且由一向都很可靠的資料來源或人員進行指導。

技能訓練

訓練包含兩個部分，第一個部分是能夠執行手頭上任務所需的技術發展技能。舉例來說，如果你正在訓練一個團隊如何銷售，你首先會開始教一些基礎的溝通和與人相處的應對進退，你**不可能**只是給他們看個十分鐘的影片，然後就送他們上戰場。你可能會讓他們每週花二十到三十分鐘的時間，訓練他們的產品介紹變得更純熟，當你進一步介紹到整個銷售過程時，也可以做反對意見的角色扮演訓練。團隊每天都要回報他們撥打的電話數量、聯繫及客戶約訪的狀況，在訓練過程中如果有成員已經熟練，也可以讓他去指導和訓練其他隊員變得更熟練。

你不能只是把高爾夫球放在球座上，然後就期待一切順利，沒有人是這樣子學高爾夫球的！學習高爾夫球有很多不同的部分：有發球、中距離球洞、短桿、打出障礙區、推桿等等，為了要熟練整個過程，你必須先熟練過程中的每個環節；我再說一遍，為了要精通你想學習的事情，你必須先精通整個過程的每個環節。我的導師說：「這就是大師之所以為大師的原因；要全盤理解如何成為任何事物的大師，就是先讓自己去純熟精練整體的每個環節。」你無法一次就熟練全部，因為那是不可能的。

學習銷售的道理也是一樣的，所以我們將整個銷售流程攤開來看，我們教導業務團隊如何規劃銷售流程的步驟，第一步是打陌生拜訪電話，第二步是約時間，第三個步驟也許是商品展示，每個步驟都要精通，熟練每個步驟。每個步驟都要經過訓練直到你成為高手，然後再到下一個步驟，再下一步，然後再下一步……這可能會耗費一段時間，但是如果你這麼做，你的業務團隊裡就會個個是銷售高手。

你開始衡量他們所做的事情，你可以拿出銷售流程圖，然後測量每個部分，你有多少通陌生拜訪電話？約到多少客戶？做過多少次商品展示說明？有多少提案？這些都可以讓你迅速地看出一個人的不足之處，也可以讓你的團隊成員看出他們自己需要加強的地方，這就是訓練，是用數字來做衡量的。

我非常鼓勵領導者將他們訓練人員的每個過程都組織成一個流程，特別是在銷售上，銷售是企業的命脈，讓大家習慣對這個過程負責，那麼他們就會有能力改善並且進步神速。

將彙報視為訓練的工具

當我們到達營地後，每個人都會卸下行李、搭帳篷、換衣服，我們會在一個大型的圓頂帳篷裡集合，我們坐在折疊椅上，會有熱茶、咖啡、熱可可和爆米花，然後我們會做這一天的彙報。身為領導者，我負責從這群人一天的分享中，找出能影響一生的學習體驗，大家會發出很多「啊哈！原來如此！」聲，有時會目泛淚光，也有笑聲不斷，每個人的經歷都不同，因此他們的體驗都是獨一無二的，但不知何故，一個人的課題也是所有人的課題。

讓我舉個例子給你聽，有一位很傑出的朋友跟我們一起上吉力馬札羅山，他是來自馬來西亞一位世界級的室內設計師，名為蘇章（Su Chang，音譯），他在路途中非常辛苦，因為有一大半時間他身體不適，無法跟上團隊，在我們第二天還是第三天彙報時，我問他：「你還好嗎？」

蘇章回答：「天哪！真的很折磨人！」

凱文說：「讓我檢查一下你的背包。」他拿起了蘇章的日用背包，裡面大概裝了一噸重的東西！我們的背包應該只能裝十到十五磅重的東西，但是蘇章的背包大約有三十到四十磅重，還沒算他的挑夫幫他背的裝備呢！

我問他：「為什麼你的背包這麼重？」

他說：「嗯，我帶了所有這些的東西是因為我想確保自己有萬全的準備。」

然後我再問：「所以在你生活中，還有哪些地方是你背負太多的垃圾，幾乎要把你壓垮，讓你疲憊不堪，讓你在離開這座山時還是感到無能為力？」

他停頓了一下，然後說：「你說對了！我的生活正是這個樣子！我什麼事情都擺脫不掉，我把人抓在身邊，我把不需要的東西也留在身邊，我們的舊檔案、舊程序、舊常規、舊的這個、舊的那個，我一直想抓住所有的東西，心想以後可能還用得上，所以就把它們都留了下來；但是它們快把我壓垮，也阻礙了我的事業，而且你說對了！我一直都覺得很疲憊，每天結束時我都累得要命。」

我們針對這個課題繼續進行彙報，而每個人都從這次經驗上得到了他們個人的領悟，這就是彙報的力量，這就是經驗交流的力量。

我們再快轉到吉力馬札羅山旅程結束之後，蘇章回到家後開始整頓他的事業，他清理了他的辦公室，也加速了他的收入。自從那次之後，他就再也不往回看，在山上的那七天對他來說有非常強大深遠的影響。

在銷售的環境裡，或是在生產製造是公司業務成功與否重要關鍵的情況下，就一定得做每週彙報！團隊必須知道，不僅是他們必須為自己的表現負責，而且當他們達標或超標時，也要好好慶祝一番；如果彙報是每月舉行一次，你就會錯失四次提升業績的機會，錯失四次修正處理方式或改善過程的機會，錯失四次激勵和教育團隊的機會！

這種定期彙報的策略是真正顛峰領導者的關鍵構成要素，如果能正確地進行，並在彙報中點出所犯的錯誤及已克服的挑戰，就能強化你的團隊；如果你的群組、團隊或公司能持續從團隊中汲取教訓，最終你將會實現你的價值觀和使命。

有效執行彙報的重點在於設立一個安全的環境以及正確提問。

二〇一二年，谷歌公司展開了一項「亞里斯多德計畫」，這是用來研究有哪些要素或行為能構成高效率的團隊，結果他們發現了五個主要的行為：首先是心理安全感，心理安全感的定義是當團隊成員提出質疑、新的想法和建議，或是承認錯誤時，團隊成員認為自己會承受到的風險及後果有多大；就本質而言，就是一個人對其他團隊成員的信任感有多強。

為了彙報，需要建立一個心理安全的環境，這意味著你必須教導每個人，不論好壞，都將情況視為一種學習體驗。解決問題一向都比指責來得重要，也就是說要設定明確的期望、不指責他人、不在他人背後說閒話、不找藉口，以及不說毫無根據的意見。必須將焦點維持在當時所討論的情況上，而不是對相關人員做人身攻擊。不能夠允許一人壟斷對話的情況出現，當有人願意針對問題負起責任時，必須讚美他們挺身而出，而不是譴責錯誤。身為顛峰領導者，你有責任為團隊樹立榜樣。

教導團隊成員發生問題時，要如何在彙報以外的時間直接與人溝通，我將這個稱為「指正」，這個在關於執行的章節裡會有更詳細的說明。重要的是要教導他們尊重，以目標為導向，用讓團隊和組織變得更好的方式來指正，然後再用角色扮演的方式來練習，設定最差的情境，這是我們特別用來訓練業務團隊的方式。你請一個人站起來，請他說：「好的，那麼還有問題要問嗎？」然後你回答：「有啊，你根本不知道你在說什麼！你是個混蛋！」現在這個人必須要想辦法處理這樣的情況，你要繼續演下去，直到這個人能保持冷靜，並且了解到就算有人衝著他而來，也要能處之泰然。我們發現當針對業務團隊做了這樣的角色演練後，他們的數字會激增，他們打電話的數量會加倍，談成交易的數量也加倍！為什麼呢？其他方面都沒有改變，一切都照舊，只有他們的思維模式變了，他們變得冷靜，不會生氣或患得患失，因為他們練習過也準備好了！

有效運用彙報的第二個重點：問對的問題！對於領導者而言，彙報不是要用來糾正錯誤、提供意見、講課或是安慰人，彙報是關於提出好的問題，這是關於讓大家了解到發生了什麼事，為什麼會發生這些事，以及負責任地從經驗中記取教訓，問對的問題的目的在於尋找重複性的模式，請在彙報中使用下列七個問題來應付各種情況：

一、**發生了什麼事**？請針對事實，而非意見。

二、**為什麼會發生這件事**？請說事實，而非假設。

三、**有什麼行得通**？為什麼行得通？

四、**有什麼行不通**？不是指出哪裡做錯了，沒有是非對錯！只有行得通和行不通。

五、**你們學到了什麼？**這是最重要的問題，你應該要尋找重複性的結果或行為，而不是單一事件。

六、**讓整個團隊記取教訓**，讓一個人的教訓成為所有人的課題。

七、**（如果是錯誤的話）該怎麼修正錯誤，或者（如果是勝利的話）要如何做得更出色？**這個問題必須等你掌握到所有資訊之後，才能提出來，所以要放到最後再問，否則你有可能在付諸行動之後，發生比開始時更多的問題。

教育與協助

一個顛峰領導者必須同時是傑出的教育家和優秀的協助者，這樣才能訓練你的團隊，讓他們準備好，我認為理解這幾句話真正的意思非常重要！

教育（education）這個字是源自於拉丁文「educere」，意思是「汲取」，是汲取出，而非塞入！教育的概念是依循蘇格拉底法（Socratic method），即運用提問及請求他人回饋的方式，而這也是我們在帳篷裡彙報時所做的事，我們會持續地提問，例如：「發生了什麼事？類似的事件是否也發生在你的生活中？是在哪裡出現的呢？」參與者想出了絕佳的答案，而在場的其他人也從中學習。

成為傑出教育家的第二個部分是要成為優秀的協助者，協助者（facilitator）這個字是源自於拉丁文「facilitare」，意思是「使事情變得容易」；所以要成為一個優秀的協助者，就是要讓你的團隊覺得學習很容易，不要把學習變得很八股，也不要讓學習變得很困難。學校花了很多時間把事情複雜化，而且常常讓人困惑，這個策略為：能夠搞清楚的人是聰明的，所以他們會繼續取得好成績和獲得更高的學位；但不只是那些能背誦和記憶很多資料以及考得好的人要學習，每個人都需要學習，所以，所有人都需要學習如何學習。也因此，身為協助者，你的工作就是要讓事情變得容易，而不是把它變得更困難！

如果你繼續尋找對協助的進一步定義，你就會發現其意思是透過降低阻力來讓事情變得容易，那什麼是阻力呢？就是我們所有人對於要做出改變時的自然反應，這也是會對我們說「這個太危險！這個太困難！我太老了、我不想丟臉、我不夠聰明」的「小聲音」，或者也許它會說：「我現在這樣很好，我不想做其他的事情」，這就是阻力！要成為優秀的協助者，有一部分的工作就是去問能讓他人找出自身阻力的問題，然後讓他們想出自己消除阻力的方式。

個人成長

訓練的第二個部分就是個人成長，克服我們對改變的抗拒，這個非常重要。因為大部分我們要學習的事物都沒有那麼複雜，會讓我們感覺學習很困難的，其實是改變所帶來的不舒服。

是什麼原因造成打業務銷售電話的抗拒呢？是什麼原因造成與團隊其他成員直接開放溝通的抗拒呢？是什麼原因造成對減重的抗拒呢？當你腦海裡的小聲音不願善罷甘休時，你會怎麼做呢？當懷疑上升、自信心下降時，你要怎麼打破這個惡性循環呢？這些問題的解方都是個人成長教育！

多年前，我和羅伯特像著迷般積極地投入我們個人及情緒方面的成長學習，像著迷般，我指的是每週數次學習和練習，每月很多次聘請教練、閱讀大量書籍資料、觀看大量研討會及教學影片，以及收聽大量的廣播節目，只要是我們能接觸到的都去參與和學習。所以在很多年前，我就意識到，大部分我所遇到的問題都是自己造成的，當我終於明白，從一個最深層最根本的方面來看，我生命中一切事物的共同點就是我，我開始著迷於弄清楚在我腦袋裡到底發生了什麼事。

這些年來的訓練得到了巨大的報償，當大家都還認為個人成長課程是很邊緣、很小眾的市場時，我們就已經將自己沉浸在其中，所以當在經濟上和社會上混亂的時代來臨，我們在心智上和情感上就能勝任這項任務。

我知道對羅伯特來說，這顯然是他所做過最棒的事，而且現在只要有空，我們仍然會參加個人成長訓練，我們仍然持續面對和處理自己的事情和問題等等，讓自己變得更好，我們確信個人成長是學習領域裡最後的疆域。

從科技層面來看，人類大腦只能到這裡，然後接下來就由人工智慧接管，我們已經從創新發展的趨勢裡看到這一點，但若是與溝通、推理、合作、倫理道德、維持文明禮儀、生活水準及品質等有關的部分，人工智慧還無法掌握這些，至少現在還無法處理。有擺脫你自身不安全感的能力、能有自信地與人交談、有合作和解決問題的能力，這些都是人類需要學習的地方，否則我們將不復存在！

讓「小聲音」閉嘴

我在這本書的前面有提到關於你的「小聲音」，就是那個一天到晚告訴你別做這個、別做那個，讓你害怕冒險，還有告訴你你不夠好的那個聲音。需要面對和處理自己的主因之一，就是讓你有能力使小聲音閉嘴，讓你變成你註定要成為的人。

小聲音是一種來自你內在信念、價值觀或想法的聲音，這些是從你所聽過、體驗過、讀過或甚至是宣揚過的事情，被埋藏在你的潛意識中，然後它們開始對你大聲說話。然而，這只是為了保護你不要冒險跳出舒適圈的一種反射機制，這個小聲音十分擅長將你形塑在你原本就習慣的角落裡。

在吉力馬札羅山上，對未知的恐懼正是小聲音賴以為生的食物！我有個大型美髮產品製造商的客戶，他形容得非常貼切，他說：「時間是小聲音花園裡的肥料」。換句話說，就是你花愈多的時間去想會讓你恐懼或擔憂的事情，你就愈會被小聲音所啃食。在吉力馬札羅山上，小聲音最關切的事情之一，就是不知道海拔高度對你身體所產生的影響，「我這樣穿到時候夠不夠暖和？我所準備的衣服適合嗎？我有沒有辦法承受那樣的海拔高度和稀薄的空氣？如果我的睡袋濕了該怎麼辦？」所有這些未知的事情都是餵養小聲音的絕佳飼料！

還有更重要的是，小聲音會消耗掉你的能量！如果你讓小聲音肆意妄為，或者是根本沒有意識到它的存在，那麼問題就是它會成為可能會實現的自我預言！也因此學習如何冥想，學習怎麼保持冷靜，學習怎麼控制你的心智，以及學習如何真的活在當下，就變得至關重要，而這些就是當你在攀登吉力馬札羅山時會自動學會的事，否則，你在整個路途上可能會不斷地恐懼害怕。

我有個從事美容業的客戶，他是全球美髮業的一位傳奇人物，名為克里斯（Chris），他已經和我成為多年好友。克里斯是位優秀的講師和指導者，也是偉大的藝術家，有來自世界各地成千上萬的人專程跑來看他剪頭髮和示範新的美髮技術；他從我這裡學到了如何成為一位大師級的顧問、大師級講師，他也是我所見過最厲害的人之一。

在我們認識的初期，他想要銷售他新的訓練產品及服務，藉此來賺取更多的錢，但他似乎無法跨越某個障礙。他為自己設定了一個簡單的目標，例如在十二週內新產品的銷售額達八萬美金，所以，我的其中一位優秀講師傑森讓他參加了一個「六週小聲音大師輔導」（Little Voice Mentoring Program）的訓練課程。

傑森詢問了克里斯一些關於他小聲音的問題，他對於銷售的看法，以及他對於為其他人賦予價值的看法，在為期七週的計畫裡，大約是第二週或第三週時，克里斯意識到他從來沒有將自己視為業務人員，他認定自己是一位藝術家，因為他當時認為「業務／銷售」是某種骯髒的字眼。當他真正明白銷售只是單純地幫助他人獲得他們想要的商品或服務時，他才發現原來是他的小聲音，也就是害怕被拒絕，阻礙了他！

長話短說，一旦克里斯克服了對他說「我才不要做業務」的小聲音，在六週內他的銷售業績就達到二十萬美元，他從來沒有意識到是他自己這種自我破壞的「小聲音」在阻擾他，他當時只是覺得自己不擅長推廣業務。所以擺脫你的「小聲音」，可以產生戲劇化的結果！

為了講清楚，讓我給你舉個例子，來說明使人軟弱的小聲音與賦予力量的聲音之間的區別，請朗讀以下兩個例句，並且問自己唸完之後感覺如何，這些是《富爸爸，窮爸爸》（*Rich Dad Poor Dad*）書中部分的基礎精華，也是富爸爸原則：

「我負擔不起。」

「我要怎麼做才負擔得起？」

第一句是來自於匱乏感（即小聲音）的陳述，第二句是來自於力量感的問句。

請對你自己說：「我負擔不起。」在你的腦中應該出現了一個大大的停止畫面，有種無能為力想要放棄的念頭，我甚至敢打包票你的能量下降了，還會有些負面的情緒跳出來。

現在，請對自己說：「我要怎麼做才負擔得起？」你的大腦會自動運轉起來，開始想方設法尋找解決之道，你的能量、好奇心和創造力都因為感覺到希望而全都動了起來。

透過覆蓋和重新編寫「小聲音」的程式，我們就不會依循舊的、反射性的回應，而是會提出對的問題來得到正確的答案，例如問句：「我要怎麼做才負擔得起？」答案：「學習如何銷售」，銷售等於收入，如果我想要一個更好的生活方式，我只需要創造更多（主動或被動的）收入，來讓這件事成真。

藉由問自己對的問題，你就會得到對的答案，透過適當的誓詞向自己宣告，你就會得到想要的結果；然而知易行難，就像其他值得做的事情一樣，都是需要練習，大量的練習。我們的「小聲音」已經跟隨我們好久了，它們並不急著離開，如果有位導師或教練，就能幫助你辨別什麼是可能的，以及什麼是你的小聲音告訴你的，這樣對讓你的小聲音閉嘴會有很大的幫助。

沒有事情是完美的

對很多人來說，小聲音出現的原因之一就是要告訴你事情一定要到完美才能成功，而「完美無瑕」就是你的小聲音用來確保你留在舒適圈的一種方式。你不願意冒險，不前進，只要你持續做某件事，你就有進度，是嗎？還是這只是一種讓你「繼續努力」的保護機制，可以讓你離火線遠遠的？要知道，沒有人可以說你不努力嘗試，對吧？

我要告訴你，沒有事情是完美的！而且對於追求完美的需求有可能導致緊緊抓住一堆垃圾，而且停滯不前！在開始攀登的第一天早晨，我們會測量登山包的重量，為了安全及健康的理由，挑夫們不能背超過四十磅重的東西，我們大多數人都會攜帶太多的裝備，所以必須卸下那些讓背包超重的東西；然而，就像我們之前提過的蘇章，有些人會覺得非得帶他的東西不可，在高山上，幾盎司等於幾磅，而磅數等於疼痛。

對每個人而言，這個課題很明確，無論在身體上、情緒或心智上，只要是緊抓著東西不放或是堅持完美，最終都會付出代價！你必須要有意願放掉生活裡的某些事物，來讓自己茁壯並且達成目標。當你在思考、運作和生活中要朝向更高的高度邁進時，想讓你身邊的每件事物都很完美的這種需求，所有的便利性、奢侈品和舒適物品都可能讓你受苦。

放掉想要完美，把你不需要的東西放在基地營裡，把能量和空間留給在高處會出現的東西。

團隊成員會在他們周遭創造出「東西」來讓他們所在之處感覺舒服，如果你想讓你的團隊到達頂峰，你必須要鼓勵他們放掉一些東西：舊的想法、擔憂、假設、不必要的裝備，甚至是會拖你下水的朋友。

身為一個人的你很重要

二〇一九年，當我在泰國時，我有個令人驚喜的機會能參訪世界上最大的佛教寺廟，我非常幸運能坐下來與該寺廟的住持交流，他每週都會帶領著成千上萬的人打坐，這個非常具啟發性。

他給了我一本他寫的書《講師培訓》（*Train the Trainer*），在書中，他提到我認為對於領導者很重要的三件事，特別是想要成為傑出教師的領導者。

首先，要先清楚你在教授的是**什麼**？有沒有切題？對於讓大家成功而言，你傳授或指導大家所用的教材重不重要？是否符合他們的需求？合適嗎？你拆解教材的方式是否合適？就像我們之前提過的——創造過程。

他接著說，你所教的東西並不像第二件事情來得重要，第二是你**怎麼**教？也就是你教導的方式，在布萊爾．辛格培訓學院，過去這二十年來我們已經發展出一套首屈一指的訓練課程，我們把普通人變成一些世界上最傑出的顧問、教育家和講師，那位住持說你教導的**方式**比你教**什麼**來得重要！我再說一次，你教導的方式比你教什麼來得重要！

然而，有些事比你的教學方式來得更重要，第三點也是最重要的一項元素，就是身為人，你是**誰**，當你擔任一個領導者的角色時，大家會很自然地關注你的一舉一動，這無關乎大家喜不喜歡你，也不是因為大家喜歡挑毛病，這單純只是一種人類的行為模式。

當你讀到這裡時，請務必理解到如果你是個領導者，無論你喜不喜歡，你就是會成為他人茶餘飯後的話題。

所以住持告訴我最重要的事情是，你所展現出來是什麼樣子的人最為重要！你的真誠、你的正直，對於你所說的你是否言行一致，說到做到？因為你身為領導者，大家都會仿效你。

光是與這位住持相處了幾個小時，我就從他那裡學到了受用一生的知識，我從來沒有忘記過，這也是我教給我所有的講師和每位領導者的東西：最重要的部分並不是內容，也不是技術部分，而是整個範疇或是你教導的方式、教學環境；而更重要的是，你是一個怎樣的人，「你是誰」比你所說的任何話都更具說服力。

一個同時承擔起偉大老師與推動者角色的領導者，會成為優秀的導師，並啟發團隊裡的每個人。

真誠、正直和有責任感的課題是無價的！身為老師／領導者，你是個怎麼樣的人，以及你為團隊樹立的榜樣，這些都會讓你成為最偉大的導師！

「沒有付諸執行的願景，不過是個幻覺罷了。」

——湯瑪斯．愛迪生（Thomas Edison）

Chapter 11

執行

「休息步……壓力呼吸……休息步……壓力呼吸」在嚮導不斷地提醒下，這已經變成我們的咒語。休息步是在骨骼結構上將身體重心放到踏步的那條腿，以減輕另一條腿的負重，而壓力呼吸則是抿著嘴唇用力呼氣，將你身體裡不需要的二氧化碳給呼出來，讓寶貴的氧氣分子能留在你的血液裡。

就是這樣一步一腳印地攻上吉力馬札羅山頂峰，而其中有條規則就是永遠不要問嚮導明天的健行會是什麼樣子，永遠不要問天氣如何、頂峰長什麼樣子等等。這些是徒勞無功的資訊，而且會讓你的小聲音落入好奇、焦慮和消耗能量壓力的循環中。

執行就是以卓越和謹慎的態度來遵循作業程序，它是將工作重點放入計畫中，以實現你的使命及價值。任何人都可以大吼大叫發出指令讓人照辦，但是想要成為顛峰領導者，達成高水準的表現，則需要一種人際關係技巧大於專業的領導風格，下列的行動會讓你更輕鬆自在（得心應手）。

錯誤會推動你向前邁進

成功只是一連串被注意到、從中吸取教訓並在過程中被糾正的錯誤，任何時候你從已知進入未知的情況，或是參加一項經驗值不足的計畫，都會出現這種情況，這就是為什麼規則必須要嚴格，因為嚴格的規定能降低可能的變數，規則如下：誤差容許度愈低，表現則愈佳，以下有個例子。

我的第一輛車是一九六三年的雪佛蘭（Chevy），它的最高速度約為每小時六十英哩（九十六．六公里），如果它壞了，你可以自己用一把新月形的扳手和螺絲起子把它修好，而另一邊，我的妻子在諾格公司（Northrop Grumman）上班，這家公司做的是F-18戰鬥機，鉚釘在安裝上機身前，要先放置在乾冰裡，為什麼呢？為了能使飛機以音速兩至三倍的速度飛行，製造時的誤差容許值必須非常低，如果你想讓一台一九六三年的雪佛蘭汽車以三馬赫（Mach）的速度飛行，它會解體。而F-18如果用每小時五十英哩（八〇．五公里）的速度移動，它會根本飛不起來，所以F-18戰機需要更嚴格的誤差容許值才能有更佳的性能。

當生與死只是一線之隔，例如在吉力馬札羅山上時，你無法承受犯下太多的錯誤，換句話說，當我不得不在史黛拉岔路口停下來——因為我犯了一個錯誤，吃了不該吃的藥物，而這項錯誤絲毫沒有誤差容許的空間，我必須得立刻下山，我不能等等看、再觀察看看是否可行，因為我的生死可能就在一瞬間。

當阿波羅十三號（Apollo 13）機組員前往月球時，當其中一個氧氣筒發生爆炸時，機組員必須想辦法修復，當時對於犯錯的容忍度很低，有三條人命危在旦夕，任何一個錯誤都有可能造成災難性的後果，然而知道情況危急，他們還是成功了。

因此，身為領導者，建立一個允許犯錯的空間極其重要！每個人都會犯錯，而做為領導者的你需要有能力承認錯誤並繼續向前邁進；然而你也必須清楚，當績效提升時，對於早期這些錯誤的容忍度就應該要愈來愈低。不僅僅是你自己的錯誤，還包含你團隊的錯誤，銷售和行銷就是一個不斷嘗試錯誤的過程，如果你在這些領域想要找尋立即有效的結果，那你會很失望；然而，如果你團隊的彙報是很有效率的，而且測試再測試，你就會將嘗試錯誤視為達成更高績效的過程，因此帶著熱情和能量一次又一次地不斷嘗試。

能量不只是相互擊掌，然後告訴對方他們有多了不起，這樣做是可以的，但能量是來自提醒他人為何他們正在做這些事，喚醒他們篤信的價值觀！能量是來自於他人的連結。

這樣講可能有點粗糙，因為學校裡並沒有教這些東西，當我們犯錯時，學校的教導方式會讓我們覺得犯錯很可怕或很愚蠢，我們會覺得聰明的人會做對的事情，笨的人才會做錯；然而，每個企業家都知道，在他們的錯誤中都蘊含了下一個成功的種子！

我並不是說所有的錯誤都很好，有時候情況並不是這樣，這取決於什麼是成敗的關鍵，你能容忍什麼？但是如果你之前一直在練習，如果你能接受犯錯，如果你能接受糾正，如果你不會覺得別人都在針對你，如果你不會讓自尊心成為你的阻礙，那麼這些就是你可以幫助你團隊去學習的；然後當嚴重的錯誤發生時，你就可以更順暢地修正問題。

請注意，你無法永遠不犯錯！在你人生的初期，在你還是青少年的時候，你犯了許多的錯誤，你和錯的人混在一起，做了些愚蠢的事情；但是當你年紀漸長，你所犯的錯在程度上和規模上開始縮減，富勒博士用船舶和飛機的導航系統來比喻這一點。這些導航系統會使用陀螺儀和電子儀器，海上的船隻會不斷地偏離航道，從右舷到左舷、左舷到右舷，這樣來來回回；因為風向和海浪會使船隻偏離航道，在空中高速行駛的飛機也是一樣，它們會經常性地犯下錯誤（偏離航道）並且修正。我的重點是，船舶和飛機所犯的錯誤非常多，但是幅度都很小。

錯誤永遠不會離我們而去！富勒博士指出，宇宙中也沒有所謂的直線，這也是為什麼他對我的影響這麼大；犯錯就是你學習的方式，你永遠無法不犯錯，完美並不存在，而你經常要做的就是修正與微調，你可以將錯誤降至最低。我記得有人說過阿波羅的太空之旅只有百分之五的時間是在航道上，其他的時間都是修正、修正再修正！

如果你想要成為顛峰領導者，就要明白犯錯是我們學習的方式，這一點很重要！我們之前被教導的是因為犯錯而內心受創，因犯錯而覺得丟臉，我們的自尊對於錯誤極為敏感脆弱，也因此有個人成長訓練的需求，以教導我們如何除去創傷和壓力。

只有當你願意花時間承認錯誤、分析錯誤，並讓大家願意負責任，才有辦法從錯誤中學習！以一種高頻能量的態度重新召集團隊，彙報獲勝和錯誤的情況，將會加速學習和績效表現。

擔當責任由你開始

今日，在這個國家已經出現了關於擔當責任的危機，指責、推卸責任和找藉口的現象已經變得太普遍、太正常了！如果你真心想要一個高績效的團隊，你需要讓自己和他們擔當責任，這是另外一個以身作則可以帶來好處的地方。

很多人會把「職責」和「擔當責任」這兩個字交互使用，但其實這兩個字意思不一樣，「職責」是你必須做的事，是你工作、角色或承諾的一部分，而「擔當責任」是當我們所負責的事情發生錯誤時，我們所表現出來的行為。

做為領導者，當你犯了錯或是做了一個糟糕的決定時，你會怎麼表現？你在你團隊面前公開承認嗎？你會不會問自己相同的問題：哪些行得通、哪些行不通、我學到了什麼、未來我要怎麼做才不會犯同樣的錯誤？我在上一個章節談論過關於心理安全的需求，所以如果你想要大家願意為自己的行為擔當責任，這一點極為重要；當你以身作則示範給大家看，你就給了他們心理安全感。

當我還在航空運輸業的那些年，我因為許多原因犯了非常多的錯誤，我並不是要辯解什麼，只是要承認當時犯了很多錯誤，我做了許多決定；有些行得通，有些行不通，但是我學到一件事，那就是承認錯誤，在我的倉庫員工和貨運司機面前說：「我們設定的新措施並沒有成功。」

我給你們舉個例子，我們的大型貨櫃車在美國各地移動著，裡面裝載著不同客戶的許多貨物，很顯然只要我們的貨櫃車裝載的貨物愈多，我們就能賺更多的錢。因為我們是按里程付費，比方說支付從洛杉磯到芝加哥或紐約的里程費用，只要我們將愈多的貨物塞進貨櫃車裡，我們的利潤就愈高。所以我想出一個絕佳的辦法，就是將每輛貨櫃車的利潤分紅給貨櫃裝載人員，結果很成功！我們增加了每輛貨櫃車的載重，因此獲利十分驚人。

但問題是當這些貨櫃車到達目的地，打開貨櫃的門時，根本很難將貨物取出，貨物在貨櫃裡被壓縮得太緊，所以當好不容易取出之後，有些物品已經被壓壞損毀了，所以我們必須支付 OS&D 索賠（即超時、短缺及毀損）給客戶，這花了我們不少錢，遠比我們賺的還多！那就是個錯誤，一個立意良好的錯誤！

所以我和團隊開會並跟他們說：「我搞砸了！你們做得很棒，但我犯了一個錯誤。」然後我告訴他們發生了什麼事，並將錯誤歸咎於自己。他們是否因為我不得不取消獎金而感到不滿呢？並沒有！而且他們笑了，他們覺得發生這種事很有趣，我們共同承擔這樣的結果。

有時候，倉庫人員會在箱子上貼錯標籤，導致貨物運送至邁阿密（Miami），而不是曼菲斯（Memphis），大大的「哎呀」！但是他們會來到我辦公室承認錯誤說：「老闆，我犯了個錯，我之前並不知道機場代碼，所以在箱子上貼錯標籤了。」

「謝謝你讓我知道這件事……我們會再重新設定運送路線。」我們有能力重新糾正這些錯誤，並沒有互相咆哮，我也沒有罵他們白痴或羞辱他們，我樹立了承認自己錯誤，以及盡可能盡快提醒自己的榜樣。

擔當責任並不舒服，因為它會威脅到我們天生自我保護的傾向，但如果你讓你的團隊願意承擔責任時，這會讓團隊成長、進步、提升績效，而且團隊的每一個成員都會受到尊重，接受擔當責任能讓你增加自信和減少憂慮。

在商業領域中，特別是在業務銷售上，擔當責任即一切！每週彙報會議不單只是探討哪裡做錯和學習，而是對於當週離達成目標的距離有多遠的一種評估，如同大家所知，我的經驗大部分是在銷售，所以當我在對團隊做每週彙報時，我會問一些問題，例如：「你這週打了多少通業務電話？見了多少人？銷售額是多少？收益是多少？」

我們每週都會衡量一次，因為這會讓我們有能力更迅速地做出修正，擔當責任是執行過程中非常、非常重要的部分，因為如果你無法衡量評估，就很難改進！這不僅是在業務銷售上，在你事業其他方面亦是如此。

我認為每週彙報會議跟 NBA 裡喊暫停很像，想想看，在一場職業籃球賽裡最後兩分鐘會打多久？有可能會花上十幾分鐘的時間，因為那些教練們會經常喊暫停，原因是教練們想要對球隊的比賽策略和打法隨時做出修正。

而在商業上也應該採取同樣的方式，你不會希望等到動能已經把你推往錯誤的方向才來喊暫停，因為到那時情勢已經對你不利。關於動能你該知道的一點是，要建立起來需要花上一段時間，但要失去卻很快！當你失去之後，要再打造起來需要耗費相當長的時間，這也是為什麼密切監督及持續訓練有多麼重要！

你必須注意彙報裡的其中一項陷阱是有人不願意被追究責任，他們會想辦法隱藏，也就是說，如果他們沒有業績數據或是數據不一致，他們會有一套似乎是「好的理由」；要小心「好的理由」，特別是經常出現的理由，有的時候團隊成員可能會說：「我沒有確切的數字，但這些是我所學到的，我真的學到了很多，這是我做得好的地方。」再次提醒你要注意，只要能做到修正，能學習到教訓是件好事。

因此，做為領導者，這是個教學的時刻，也是個該擔當責任的時刻！身為老師和領導者，重要的是你要指出這點……「這週你能學到這些很棒，不過現實是學習不會帶來收益，除非你做出修正，我們拭目以待你下週的表現囉！」如果他們所做的都只是在學習，那麼很快他們就會學到怎麼填寫履歷表和其他公司的工作申請表。

指正

擔當責任並不只是對自己，範圍要延伸至整個團隊！每一位團隊成員都對團隊的整體成功有責任，意思是每位成員都有責任要求其他團隊成員負起責任。在高績效的團隊裡，要求團隊成員擔當責任的擔子不會只是落在領導者的肩膀上。

當有人違反榮譽典章，目睹違反行為的團隊成員就有義務要「指正」，整個團隊要能自我監督。這聽起來很容易，在團隊成員互相尊重互相信任的情況下，要做到這點的確很容易，但是在一剛開始時，要做到團隊自我監督很難！要團隊學習到如何對違反行為指正，需要領導者傳授隊員們勇氣和技巧，教導他們如何以事實與隊友對質。如果你在訓練團隊方面需要一些幫助，在我的《富爸爸教你打造冠軍團隊》一書中，有更詳細關於如何指正，以及如何接受被指正等等的說明。

在山上，如果有人犯規，克莉絲頓會毫無遲疑地對任何人任何事指正，這點你可以放心，她會用高強度的力道指正，但同時關心和照顧也是高強度的，所以如果你被責備，你也不會覺得被罵，你還會覺得被她支持著，她這點已經做到爐火純青了。

另一方面，凱文很擅長認可他人，如果你正在努力、留著汗、步履艱難地走著，而且感覺很不舒服，他會悄悄地走近你說：「幹得好！你做得很棒！加油喔！再繼續，離下次休息只剩下十分鐘了。」他真的很善於觀察他人，我稱之為校準，即有能力測定另一個人做得如何，並且知道在適當的時機說適當的話，以鼓勵他們繼續向前邁進；或是在適當的時機說適當的話，對他們指正或糾正其做法，卻不會毀掉他們，讓他們失去動力。這是一項應對的藝術，學習如何認可鼓勵他人和如何指正的技巧是無價的；在山上，有沒有具備這項能力，區別就在於有沒有辦法把整個團隊帶上山頂，或只有辦法帶幾個強壯的人上山。

為什麼「指正」這麼重要？首先，它會停止阻礙績效的行為；同時，它會透過產生一種願意做我們同意的事的精神，而建立起骨氣、榮譽及自豪，進而將團隊凝聚起來。但更重要的原因是，如果已經有了規定，有人犯規卻沒人說話，大家就會將這些規定視若無物，然後大家會開始起內訌，並且回復到一種憤世嫉俗、認為人皆自私的態度，通常會出現私下報復的行為來懲罰打破規則的人。做事馬虎，就會變成糟糕的結果和能量，所以如果你有一套榮譽典章，你一定要願意冒暫時不舒適的險，回報便是日後可獲得一個冠軍團隊！

如同我在擔當責任的章節段落所提到的，身為領導者的你必須成為你想要行為的榜樣，如果你違反規定，或者如果你的行為越界了（這是難免的，因為我們都是人），你必須有意願在其他成員面前對自己指正。

對別人指正是一回事，但是領導者能做到最強而有力的一件事就是對自己指正！如果你在你的員工面前公開地說：「是的，這是我們大家同意過的事，而我搞砸了，我道歉！接下來我會做某某事情來修正改進。」這樣一來大家都會認真看待你，他們會以你為榜樣，更重要的是他們會學習你如何來糾正自己！

認可

「指正」不該只用在負面的情況，當有人做了某些值得當成模範事情、不同凡響的事情，或是做了對其他團員很好很貼心的事，你都可以用指出來的方式提出，認可和慶祝勝利與糾正錯誤同樣重要！

請使用大量真正的、誠實的，而不是障眼法類的認可和感謝，我們的嚮導一直持續地說：「幹得好！加油！你做得到！」這種對我們掙扎奮鬥的認可，為我們疲憊的雙腿、肺部及被小聲音占據的大腦注入能量和活力，在對的時間持續傳達，這樣的認可是一種很強大的力量。

你多久會認可和感謝一次你的團隊？只有在任務圓滿完成的時候嗎？還是當團隊努力奮鬥想贏得勝利的過程中都這麼做呢？為了每件事都向團隊致意會削弱真正致意的力量！太多就是太多了，這會造成反效果。

然而，在過程中為他們加油打氣，認同他們的努力，而不是只在達成任務的時候致謝，更能增加團隊的動力和產出。當你對你認為是勝利的事情做出表示，特別是在整個團隊或成員們並沒有注意到的事情上，對於他們沒有意識到的勝利而你做出表揚和讚美時，團隊會得到一個新的觀點，進而從新觀點看待他們的工作或角色！就算是最小的勝利，也請教導你的團隊去慶祝，因為這樣會強化達成勝利的行動。

連結

連結是所有高山領導力體驗團隊會出現的一種非常強大的現象，當有一個人感覺不舒服，也許是疲憊、想吐、頭暈目眩或掙扎時，當我們還在行進中，其中一個帶隊嚮導凱文就會停在他們身邊，開始跟他們說話之類的，然後猜猜看怎麼著？痛苦和掙扎就很神祕地消失了！剛開始我覺得很奇怪，但是在做了這課程九年的過程中，我一遍又一遍地體驗和觀察。

要知道，我們是渴望連結的生物！事實上，這是個神經科學的現象，在作者馬修·利伯曼（Matthew Lieberman）的《社交天性》（*Social: Why Our Brains are Wired to Connect*）一書中提到，人類「對於連結的需求就跟我們需要食物和水一樣重要」。

當登山者相互連結和分享時，會有一種充滿能量的療癒過程，你愈是與世隔絕，感覺就愈差；想想看，就像現在大流行的新冠肺炎，那些隔離和孤獨所造成大家憂鬱、絕望的程度，甚至是自殺的情況急遽上升，為什麼？因為我們已經失去了最具療效的元素，即人與人的連結！

隨著科技日新月異，在這個步調快速的世界裡，人類正面臨新標準的挑戰，我們的世界變得過度自動化和數位化，也因此我們要如何建立和發展與我們團隊及客戶的連結，將對我們成功與否發揮重要作用。

團隊成員並不想要被看成是公司生產線裡的一個小螺絲，他們想要被看見，他們的聲音想要被聽見，而你的客戶也是一樣！專注在數字上和任務上很重要，然而專注在人與人之間的連結也同樣重要！如同瑪雅．安吉羅（Maya Angelou）所說：「大家不會記得你說過什麼或做了什麼，但是他們會記得你讓他們感受到什麼。」

你將多少注意力放在你的團隊或客戶身上？你們之間有多少真誠而且是與生意無關的對話呢？你對他們的了解有多少？你在建立人際關係上花了多少時間呢？

我認為要擁有良好的人際關係，其中一項重要元素是要成為一個絕佳的傾聽者，如果你回去看看投資銀行家的案例，他們並不清楚為什麼和客戶的電話對談並不順利，你就會明白傾聽有多重要！他們太專注於推銷，因此並沒有聽到客戶真正想要表達的是什麼，客戶希望他們能解決客戶所面臨的問題，而他們只聽見能滋養他們口袋的機會！那通電話失敗是因為他們並沒有成功地建立與客戶的連結。

當你在拓展業務、在努力打造冠軍團隊時，千萬別忘記你最佳的資產是人！請盡可能提供他人協助，而且也不用害怕尋求他人協助。

請與人建立有意義的連結，並且用價值來領導大家！

知道何時該改變

所有固執己見的企業家都能堅持下去，然而，能讓你成功的固執，也會創造出許多附加的傷害，有時候最難做的事情就是停下來！在吉力馬札羅山上，固執有可能會致命，而在商場上，如果你讓自己過於執著，就有可能賠掉你的健康和家庭。

多年前，在我們第一屆的高山領導力團隊中，有一位非常成功、來自新加坡的企業家，他到達了史黛拉岔路口，但是像我之前一樣非常虛弱，因為他的血氧濃度也很低，因此被告知不能再上山頂，他非常生氣、心煩意亂，於是開始跟克莉絲頓討價還價：「我做得到！我可以的！我可以再加把勁挺過去的。」

克莉絲頓回答說：「你不可以去，你的血氧量太低了，你有可能上得了山頂卻回不來，所以你不能去。」

我走上前去對他說：「聽著！理查（Richard），這座山不會跑走的，明年或後年這座山都會在這裡，等你我都百年之後它還是會在這裡！我愛你，所以我想要你平安，我想要你成為最棒的。」我在他頭上親了一下，然後他就下山了。我沒想到幾年後，我還是坐在同一個地方，你們一定要知道什麼時候該停下來！

我從觀察理查、凱文和克莉絲頓以及其他人身上，學習到何時該停止的課題。耐吉（Nike）公司合夥創辦人之一菲爾．奈特說得好：「有時候放棄才是真正最明智的選擇！」

可惜的是，我們都被教導要永不放棄，但是有時候，放棄才是最好的選擇，重新整頓改日再戰，否則，你可能會拖垮整個團隊、你的家庭、你所有的資源，甚至是你的生命！所以知道何時該改變是一回事，知道何時該退出又是另一個層次的問題。

所以，你要怎麼樣才會知道太過了、該停了呢？很簡單，你只需要信任自己！

程式都已經編寫在你的身心靈裡，當事情需要做出改變時，你會知道的！傾聽你的身心靈吧！

身為領導者以及登山團體的推動者，我的一項大課題就是信任。在之前的旅程和其他情況，我很容易覺得有壓力，我會想該怎樣領導團隊才是最棒的方式、我應該為他們做些什麼樣的計畫等等；而這一次，我讓事情自由發展，我單純地觀察和協助，然後從團隊中汲取教訓，單純地觀察、覺知、感受、信任和回應真的是很神奇的體驗。

在與一位我的私人教練談話中，他的觀察讓我印象深刻，當你在生活中得到更多勝利，當你在對你而言重要的領域裡愈成功，你就會擁有更多的自己，換句話說，你的意識、力量、能力和洞察力會更敏銳，你會更有能力去信任生命並且更珍惜。

如果活在當下是沒有壓力的……只有看向未來或是過去的記憶才會帶來壓力，所以我學到的是慶祝所有的勝利不僅可以累積能量，還能補充失去的生命力！

在吉力馬札羅山上，那裡有足以供應整個文明的生命力，但你必須臨在才能吸收它，每一刻都是勝利，每一刻都在拿回你的力量、敏銳度、感知力與連結，有愈多的「你」

在場，你就愈信任自己。

壓力可以是正向的

在事業上，當對著一個系統施加壓力時，就會造成緊張，也會產生情緒，所以大家不喜歡壓力，也會逃避它，大家會變得盡量避免冒險；但事實是，如果在一個正確的環境下，領導者可以施加壓力，讓團隊會進化成一個更高水準、更有能力的團隊！（前提是領導者已經教會團隊要如何面對壓力，以及如何處理在他們腦中不斷告訴他們一切都是災難的小聲音。）

在壓力下，大家通常會想做三件事：第一件事情是大家會往相反的方向跑——戰鬥或逃跑，第二是他們用某種方式來自我治療，有可能是藥物／毒品、酒精、購物；不論是什麼，他們只想把頭埋進沙堆，不想面對和處理。第三種方式是他們讓壓力以一種沒有建設性的方式消散；換句話說，他們會生氣、責罵別人，變成口出惡言、虐待別人的人。

這也是為什麼榮譽典章那麼重要，榮譽典章會保護他們免於他們自己的傷害，因為在壓力下，情緒會高漲而理智會變低，大部分的人在生氣或是緊張壓力下都無法做出好的決定。

然而，壓力不是全然的壞事，事實上壓力對於團隊的進化是必要的，如果你不向前推進，如果你不給予團隊一些壓力，你就會停滯不前，而且如果置之不理，團隊就會像森林裡一棵倒下的大樹，終究會腐敗、消散。

對於曾經任職於高度任務導向的退休高階主管及人員，有許多研究指出，一旦他們退休後，即使是在完全健康的情況下，如果他們沒有承擔其他任務或工作，他們的壽命會大幅度縮短，這是大自然的表達方式：好吧！既然你不再運作了，那麼也就不再需要你了。

適量的壓力對於你團隊的成長與發展來說是正面的，而做為顛峰領導者，這是你的責任去確保團隊已經訓練和準備好，知道該如何處理壓力。

玩得開心！

你必須要有點樂趣，如果一直都很嚴肅，無論他們有多麼堅信團隊的使命和價值，終究不會有人想要待在團隊裡，所以你需要有能力大笑，特別是在有壓力的時候。

在吉力馬札羅山上，我們玩得很開心，常常大笑，我們也常常哭，然後又笑得更多，你能看到事情瘋狂的一面，然後跳出來觀察自己，這種能力是很強大的，這也是為什麼我們是在一天結束後才進行彙報，你會聽到：「今天真的很累人，很辛苦啊！」或是「我感覺自己很像廢物！」然而，能跳開自己，從局外人的觀點看待自己的處境，甚至是觀察在你生活中的其他層面有沒有出現過同樣的情況，這是很令人感覺暢快、自由自在的；而且有時候甚至像個笑話似的，我們可以一笑置之，所以這座山就是來教導你一些你從來沒想過會學到的事情。

在山上，每個人都有綽號，我兒子的暱稱是睡美人，因為當大多數人在高海拔的地方都難以入睡時，他可以從晚上七點半呼呼大睡一直到隔天早上六點半，這件事帶來了許多笑聲；而我的綽號是小便瓶，因為我花了兩天的時間才知道晚上在帳篷裡可以用瓶子小便，而不是穿戴全副武裝，然後走出帳篷外面對酷寒天氣去上廁所。

笑聲能打破緊張的氣氛，它能使你更像個人；笑聲也會提醒著你，沒有什麼事情會大到你無法享受嘲笑自己和互開玩笑。

「大自然想要教導人類的最偉大一課是，當熊蜂追尋牠的蜂蜜時，牠無意間也會為植物授粉……而採花蜜和授粉正好相差九十度。」

——巴克敏斯特·富勒（Dr. Buckminster Fuller）

Chapter 12

登頂不是一切！

在坦尚尼亞時間二〇一三年七月三日上午十一點三十八分，我和我兒子班成功到達烏呼魯峰（Uhuru Peak）的山頂標示牌——標高五千八百九十五公尺（原文為：一萬九千三百四十一英呎），我們相互擁抱、喜極而泣、大聲歡呼，這是趟很～漫～長的旅程，一切是從變了調的學校惡作劇開始，然後經過一年前的攀登失敗，到這次最後攻頂成功。

在我的背包裡，我帶了一個有刻字吊飾的鑰匙圈要給班；在那稀薄的空氣中，我把它送給班，鑰匙圈一面刻著：「吉力馬札羅山二〇一二～二〇一三」，另一面刻著：「我們一起開始，一起結束！父留」。當我把這個交給他時，我告訴他我會永遠支持他；那趟登山之旅改變了我的生命，不是登頂改變了我，而是整趟旅程！

每位登山者都會告訴你一切一直都無關乎山頂，而是關於很神奇地在身體上、情感上和心靈上的轉變，而這個轉變是從你決定去的那一刻就已經開始。這是關於當你看著地平線下降、太陽升上山峰的那一刻，你會感受到整個地球在你腳下旋轉。

在山頂上總是會有一陣激動歡呼和慶祝的時刻，但是會留下來的並不是這些情緒感覺，而是所學到領導力、健康、連結、愛、覺察力等課題，這些會永遠留在每個人心中！山頂不是真正的目標，這只是一個能把你帶往「尋找最棒的自己」旅程的目標。

對於真正的顛峰領導者及其團隊而言，這無關乎目標，而是關於你在這趟旅程中所能學習到的一切，這是關於經過這次經驗後，你所做的一切所產生的漣漪效應：你所受到的衝擊、你所遇見的人、你所學到的課題及洞見、你與人的連結、力量、朋友、愛、你所建立的機構，以及建立機構時所形成的戰友般的情誼。

我在那裡成為了一個真正的父親！在第一次攀登時，我選擇了遵循我個人的榮譽典章，所以跟著我生病的兒子一同下山。

登頂只是一步一腳印的副產品！一次一呼吸……然後重複、重複再重複，攻頂是一時的勝利，是一個里程碑式的事件，然而整個經驗卻不只如此！

山頂本身實際上是顛峰的折返點，在山頂上會有一種悲傷滲入團隊，幾個月前就開始的旅程即將結束，每個人的心智和精神都轉往回家的方向；而團隊的團結力開始消散，我們在山頂上拍了照片然後下山，我認為在成功達成目標之後會有這種從顛峰折返的情緒感受，是一支真正優秀的團隊的記號，他們已經為接下來的事做好準備，所以會問，接下來要做什麼？如果你給這樣的團隊一些訓練，你們就可以達成任何目標！

所以，你該如何保持團隊的積極主動性？你要如何讓他們繼續努力？我相信你們都經歷過在達成目標後暫時性的鬆懈；如果我告訴你，事情本來就該是這個樣子呢？我們這輩子一直都被教導「目標很重要」，目標很重要是因為它們會給予我們方向，控制我們的生活，並使我們朝向更大的挑戰邁進。然而，達成目標並不代表遊戲結束！會產生漣漪效應的並非目標本身，朝向這個目標的**旅程**才是產生無限漣漪的源頭！

旋進（編按：原文為precession，指一個自轉物體的自轉軸同時又繞著另一軸旋轉的現象，可想像成產生了所謂的「漣漪效應」）

富勒博士藉由熊蜂的角色來解釋這件事情；蜜蜂每天會從蜂巢中出現，去尋找花朵以採集花粉、做成蜂蜜，這是牠賴以為生的食物。在這過程中，會讓其他的花卉、植物等進行異花授粉。很明顯地，蜜蜂更重要的作用（真正目的）是授粉，因為牠維繫了地球上的生命。而「蜜蜂造蜜」這個目標是真正的目的嗎？不是！真正的目的是授粉，然而蜜蜂並不知道這些事。

我們與蜜蜂並沒有不同，我們每天都出去工作賺錢，我們需要錢做什麼？我們需要錢買食物和住所，這與蜜蜂需要花蜜是相同的。

然而我們會經常看到，當你完成一個你為自己設定的目標後，會發生很奇怪的事情。假設說你想要在本月做到一萬美金的業績，你達成目標了，而且每個人都歡欣鼓舞；但是你覺得這不夠好，於是設定了一個更大的目標……下個月目標兩萬美金，然後再下個月三萬美金。過了一陣子之後，要達成目標愈來愈困難，你到達了停滯期，甚至可能有收益遞減的情況出現。

也或者，你贏得了大勝利，贏得獎項並被大大地表揚一番，你做了一場很棒的演說展示，受到熱烈的掌聲和讚賞，並有很出色的銷售業績；但是大約隔了一天之後，你開始感到有點心情低落。

這是為什麼呢？

富勒博士說主要重點不在目標，漣漪效應或博士所說的朝著目標前進的「旋進」才是重點！蜜蜂會授粉，那個就是尋求蜂蜜的「旋進」，也就是真正的目的。

攻上吉力馬札羅山頂峰的真正目的是在讓你成為一個更好的領導者、更好的隊友，讓你變得更有意識覺知，讓你能處理更多反映在生活各個層面（即身體上、心智上、情緒上以及心靈上）的逆境，而且這個回報會是一輩子的。

而設定目標更重要的原因並非達成那些目標，雖然說，要這麼做很棒！不過，更重要的原因是在實現目標的過程中，這個旅程的漣漪效應或「旋進」，會在你下一個目標或更重要目的中呈現出來。

讓我來說一些關於一系列目標的故事，這些目標從來都不是表面的樣子，而是旋進，也就是找出真正的目的！

跟你們許多人一樣，我剛開始也只是單純地想要賺錢，我離開了故鄉俄亥俄州（Ohio），主要的原因是因為我追求一位美麗的女子，所以跟著她搬到了夏威夷（Hawaii）。我在一個《財富》（*Fortune*）一百強的大型企業裡找了一份業務的工作，但是因為我做得實在太差了，差點被炒魷魚；但我後來業績變好了。當我在那家公司做得很成功的時候，我被引薦給一群在檀香山（Honolulu）的瘋狂企業家，於是我跳槽，並與一個航海夥伴合作，開始了我第一份事業。這項事業以失敗告終，儘管沒有賺到錢，我們還是玩得很開心，對我來說這是一個新方向的開始，一場新的遊戲。

更重要的目的並不是讓那個事業成功運作，而是我因此結識了羅伯特・清崎，是他讓我投入了個人成長教育中，並成為我最好的朋友及老師。如同我之前提過，個人成長引發了我的興趣，是因為它讓我看見，在我生命中所遇到的大部分問題和挑戰都是自己造成的！

如今，我有了一個新的目標：清理自己！如果我可以清理自己，我就能賺到所有我想要的錢，後來，有人問我要不要教導一些我所參加過的課程，於是這變成了我下一個目標；況且，我必須繼續打造和拓展我的事業，才有資格來教導別人。

下一個新的目標是成為全世界最棒的講師，改變市場和賺大錢。

然後我做到了市場對於我授課的需求，大到我實際上在十天內以相反方向飛行而繞了地球兩圈的程度！受到富勒博士的啟發，我的使命是盡我所能讓更多的人學到真正商業及個人成長技能；但我只是拿時間換錢，並沒有改變些什麼，至少沒有達到預期的影響力，我的目標不只是這樣。

後來，我和羅伯特遇到了兩位了不起的人物，理察和薇若妮卡・陳（Richard and Veronica Tan；在馬來西亞，Tan 以台語發音），他們兩位當時是年輕的、新公司的創辦人，如今，譚氏夫妻的公司——成資集團（Success Resources）——已經是世界上最大、備受推崇的商業及個人發展推廣與課程主辦。

他們把握機會冒險一試，讓我們登上了國際舞台，他們將我們介紹給海外的客戶、市場及公司，這個過程的「旋進」就是我遇到了許多優秀人士，他們不斷地向我詢問該怎麼做，他們請我教導他們如何教學。

所以，旋進和真正的目的是，透過陳氏夫婦的支持，以及這些年來成千上萬堂課程，我認識、招募、訓練，以及打造了一個由優秀的老師、領導者和顧問所組成的全球團隊，這些人正在全球三十多個國家為企業家們傳授商業技能，他們都是我們培訓學院的一部分。

我們觸及和影響了數百萬人的生活，然而我們的花費卻很少，我們以極低的成本累積了數百萬美元的技術、行銷和課程發展，為什麼呢？因為我們是一個團隊，一個人的貢獻可以應用在整個組織上。

我想說的是「目標不是一切」，成為一名優秀的講師是一個很顯而易見的目標，但是**真正的目的**是打造一個全球化的訓練機構，這個旋進（通常在剛開始時不會浮現）已經為我的培訓學院賺進數百萬美元，以及為數百萬人服務的機會！

我們團隊的每位成員都清楚他們所設定的目標永遠不會只是這樣，他們都明白熊蜂飛行的故事，也是因為這個熊蜂的故事才將這些人才招募到我們的機構。

有些人成了優秀的講師，有些人改變了整個產業及文化，有些人則變成他們國家的英雄和領導者！這就是旋進，目的。

那麼，所有這些暫時性目標的回報有哪些呢？

書籍、課程、影片及訂閱等的版稅和使用許可費等等。

資源——由我們全球團隊裡以使命為導向的成員所創造出來，價值數百萬美元的技術、課程及事業發展。

透過整個團隊的勝利、失敗及學習經驗，而打造出有價值的智慧財產權。

與最傑出、我們稱為朋友和夥伴的人一起到世界上最神奇的地方旅行和連結。

不用花費數百萬元，就能觸及數百萬人的合資企業與連結。

在我第一次教導的課程中找到了我此生最愛，雖然我當時教得很糟，真的被人轟下講台。

世界上最棒的朋友、老師、教練及隊友。

有能力玩一個比我自己還要大的遊戲。

以上這些都是從「要搬到夏威夷」的這個目標開始的！

好消息是回報和機會也都在等待著你！旋進是大自然的基礎法則，每一次你將小石子投進水裡，都會產生漣漪，你必須要去找尋它，也許旋進跟你所專注的焦點只差九十度，但是它就在那裡！當你找到時，你就會獲得——的回報，你就會去做你需要完成的事情。

也許你會想……布萊爾，你為什麼沒有把你最初的目標設定成打造一個全球化的訓練機構呢？

答案是：因為我沒那麼聰明。

身為人類，我們學習的道路是嘗試錯誤，在犯下無數錯誤之後，我們終究會找到合適的方向，富勒博士說我們有一隻右腳和一隻左腳，不是一隻正確的腳和一隻錯誤的腳！我們向右一步犯了錯，向左一步也犯了錯，但終究還是往前移動了，這就是我們的旅程。目標的目的**只是為了讓你保持移動**，就像有個磁鐵在吸引你。吉力馬札羅山頂、你的下一個業績目標、你試圖打造的事業，就像個磁鐵要把你吸過去；然而，與蜜蜂不同的是，蜜蜂永遠不會知道牠正在授粉，而你卻能清楚你所做事情的「旋進」是什麼，你可以領會到更重要的目的或是下一個任務是什麼！

如果蜜蜂從來不飛出蜂巢，牠會死亡，如果你什麼事也不做，你會待在家裡，或者你退休後如果沒有其他的目標、其他某些有價值的遊戲，大自然會用一種有趣的方式來讓你「退房」；你的健康狀況會惡化，你會老得快，視力模糊，生命期縮短，然後就退房離開人間。

我們本來就應該要動，為什麼呢？因為我們有更重要的目標要去實現，就像蜜蜂一樣。在生命的計畫中，你有個作用要執行，找到它的唯一方式並不是把你的手指放在肚臍上，然後許願（也許這對有些人來說行得通），它會在你追求目標的過程中出現。目標永遠不會是一切，對蜜蜂來說，如果目標就是一切，那麼在採汲一些花朵後，牠就會死亡。

如果賺了一萬美元就是一切，那麼你就會停下來，再也不會有更重要的目的，而且你就會想離開，你會覺得無聊和沮喪，除非你找到另一個能讓你動起來的目標，這就是旋進。

富勒博士說，為了要看見下一個遊戲或目的，最好不要從是非對錯的角度來看世界。毫無疑問地，最早鍛造金屬是因為想要製造刀劍和武器來殺人（這個理由不太好）；然而，同樣的技術後來被運用在製作鋼犁，用來犁田以養活更多的人（這個理由好多了），鍛造金屬是好事還是壞事呢？兩者都是，也都不是！

新冠病毒是好是壞呢？是壞事！因為造成許多人死亡，但也是好事，我們學習到了人類熱愛及渴望與人連結，這一點我們透過網路看到了許多不可思議的變化便可得知，我們也學習到了外界有大量不好的訊息，也因此我們對優秀的老師及領導者的需求變得更重要，這點很好！因為這會導致產生更多成功的企業、醫療專業人士、服務供應商，以及那些真正知道自己在說什麼的人，他們會成為下一代的領導者。

有許多老師聲稱自己有能力幫助中等的企業家成功，也有許多人聲稱能教導富有、成功和喜悅的祕訣；然而，到頭來他們大多數都是當業務比當老師厲害的人物。他們並沒有實際上面對困難和挑戰的經驗，也許他們聲稱能讓你變成 YouTube 上的百萬網紅；

但是他們沒辦法教你當你被打倒時如何站起來，如何面對經濟崩盤，如何處理不願意合作的員工，如何保護你的資產，主要原因是因為他們並沒有經歷過這些情況。這三十多年來，我走遍了全世界，遇過不計其數提供錯誤資訊、銷售炒作和打包票的人，藉此引誘勤奮的企業家花費寶貴的資金，但收益卻很微薄，這些都是假的老師！

真正的老師是領導者，他們教導的**方式**比教導**什麼**來得重要！他們在身體、心智、情感、倫理道德及心靈上是個什麼樣的人，對學生的影響和衝擊，比他們所教授的內容還要更大！

反過來說，偉大的領導者也是優秀的老師，他們將自己的經驗傳授給我們，讓我們可以**變得更好**。身為領導者和老師，無論你去到何處，都可以創造出漣漪效應／旋進，這是個巨大的責任，同時也會創造出無限的回報，富勒博士說：「我服務的人愈多，我的影響力就愈強。」

遊戲結束

有一位名為艾倫．沃特（Alan Walter）的偉大老師在研究人類生活、全球經濟和人類心理學的趨勢中，他觀察到了當任何國家、個人及企業陷入了蕭條時，這只是一個「遊戲結束」的訊號，不是世界末日！只是遊戲結束，於是他將遊戲結束納入他的方程式中。

一九二九年，在經過景氣繁榮的二〇年代，美國陷入了經濟大蕭條，這個狀態持續了好多年，直到一個被稱為「第二次世界大戰」的新遊戲出現，這個後來引發了新的繁榮，甚至是更高的生活水準。

蕭條是遊戲結束的訊號。那是在景氣繁榮、歌舞昇平之後的衰退，但那並不是世界末日，之前的遊戲並不是這樣，所以蕭條是好事還是壞事呢？是壞事，因為它糟透了！但也是好事，因為它代表著一個更大、更有遊戲價值年代的訊號！

如果你看看你的職業生涯，你會發現每一個你所實現的目標，或是每一個你所遭遇的阻礙，都讓你走上另一個目標的道路，新的目標始終存在，你沒有積極主動去設定目標，因為你並不需要這麼做。

當一切都很順利的時候，我們不會去查看自己的財務狀況，因為沒有這個需求，直到我們遇上了危機，在這個時間點，我們等於是被迫要去查看財務狀況，旋進一直都在那裡，做出改變的邀請函也一直都在，只是我們沒有注意罷了。

是看看新遊戲的時候了，你的新遊戲是什麼？

這些年來，對於在我們人生中設定目標，我們都做得不錯，有些我們達成了，有些則沒有達成，但是所有這些的旋進是什麼呢？如果你左看看右看看，在某個地方就會有你下一個新遊戲的指引——一項新事業、事業上新的經營方式、一段新的關係。

該是新遊戲開始的時候了！在新冠疫情的影響下，我們不得不徹底翻轉我們的商業模式，這其實是件好事，不過在剛開始的時候很嚇人也很令人沮喪。

那麼你應該做些什麼呢？

只要熊蜂做牠原本該做的事，牠就會很好，外面有許多花朵，只要你接下一個新的遊戲、找到新的團隊、承擔新的目標，然後就是去做，讓自己不停地行動，我敢保證宇宙就會放一些花朵在你面前，讓你不斷地前進！

「這座山總是會教你一堂意料之外的課。」

——凱文・切里拉（Kevin Cherilla）

Chapter 13

高山領導力體驗課程

請記住，成為一位顛峰領導者的祕訣就是去創造一個能產生非凡成果、和卓越團隊的框架或環境，我深信最佳的領導者是那些擁有最偉大願景、有遠見、能看見未來發展，並能使團隊處於進步潮流中的人；最偉大的領導者是那些專注向內看、也專注向外看的人，並且努力能讓他們成為最佳版本的自己的人！

我已經在本書給了你們大量的思想食物，因此，以下簡單總結了要成為顛峰領導者該具備的條件。

一、**領導者該從他們的使命、目的及重要的「為何而做」開始**。

二、**領導者運用價值**去創造期待、設定規則，以及強化信念。

三、**領導者**是在自己本業裡**勤奮好學的學生**，並且學習跳出框架，以激發不同觀點的火花。

四、**領導者**對於每個與他們接觸的人**都非常親切**。

五、**領導者能掌握準備工作及任務**，而且對這兩部分都熱愛。

六、**領導者能創造及識別小範圍的時間界線**，能縮短距離好讓團隊能專注在他們眼前的事情。

七、**領導者能透過準備工作**及頻繁的溝通來**消除不確定因素**。

八、**領導者會將錯誤視為學習的機會**，並認知到失敗是真正成長的重要一環。

九、**領導者會在團隊內創造信任與尊重**，提升心理安全感。

十、**領導者會有他們及其團隊都遵循的榮譽典章**，責任是榮譽典章的基石。

十一、**領導者是有趣、愉悅的**，能給予團隊真心的鼓勵和認可。

十二、**領導者會重視個人成長**，並且知道該如何掌控「小聲音」。

十三、**領導者都知道登頂並非一切！**

最重要的一點

十四、**領導者都是老師！**

最後感言

這個世界、你的事業和人生，當然還有吉力馬札羅山都再再充滿挑戰，每項挑戰都是一次冒險，也當然都會有風險；然而，如果這些經驗裡有一項共同點能減少風險，那就是你與你的使命、價值觀和團隊的關係。

當我在撰寫此書時，我們都知道這個世界正面臨嚴峻的挑戰，我知道還有另一件事情，我想你們也很清楚，那就是我們世界所面臨的挑戰都是有辦法解決的……可以由能理解和應用這點的領導者來解決。

總是會有誘惑、錯覺及挫折來引誘我們不去做正確的事，那些我們所知道正確的事，在通往我們的事業和人生頂峰的旅途上充斥著許多意見、故事、虛假事情和貪婪，這並不是一條好走的路！

此刻，這個世界需要更好的領導者！不是那種光說不練的領導者，而是會根據可靠明智的真理原則行事的人。領導者不是告訴他人要做什麼，而是會教導他們如何思考，並且挑戰他們，讓他們成為最棒的自己。

吉力馬札羅山會教領導者這些事情，在正確的領導下，她會用海拔高度、多變的氣候，有時候甚至是殘酷的情況來教導你。是否使用正確的方式領導，旅程的結果會有天壤之別！有可能會是令人振奮的成就，也可能會是災難一場。

在吉力馬札羅山上，唯一的保證是從山上下來的人會跟上山時不一樣，這是一個會影響和領導他人的你所應該分享的經驗，而他們與你相遇應該要能改變他們的生活，高山領導力和商業領導力是一樣的。

請將這本書放在你觸手可及之處，並且將此書當成你的地圖，帶領你及你的團隊到達命中註定的峰頂。請記住……這與山頂本身無關，會改變我們的，是你對你所做的事以及這些行動的結果的覺知！

請接受領導團隊的挑戰，並向他們展示如何成為最佳、最了不起的自己！

致謝

要實現任何偉大的目標從來都不是靠一個人努力就能完成的，攀登吉力馬札羅山也不例外，需要靠嚮導、挑夫、廚師、帳篷助理等等一整個團隊的力量，我們團隊就是被這樣支持著，才能確保每個人成功、安全和平安健康。

這本書是所有這些在山上和山下受訓成為我們高山領導力團隊成員的人的成果！考慮到我所認識的、遍及全球四十多個國家的上千名企業家，他們把自己的夢想、金錢和身體處於險境，目的是為了讓他們的事業能有所不同！意思是有時候也可能會將他們自己和所愛的人置於巨大風險之中。

我很慶幸自己能捕捉到一小部分吉力馬札羅山的精神和魔法，並將她的教導比擬成攀爬一些在人生課題中面臨到的最高山峰。

這本書要獻給我們在坦尚尼亞服務過的孤兒院裡的孩子們，我們為他們提供了食物、教育及設施以供他們成長，他們的殘疾以及為了生存所經歷的人生過程，讓吉力馬札羅山的挑戰顯得微不足道，本書也要獻給自願前往坦尚尼亞進行社區服務的醫生、護理師、牙醫和實習生團隊。獻給我們了不起的嚮導克莉絲頓·桑奎斯特和凱文·切里拉，是他們的領導力啟發了這本書及高山領導力體驗的產生。感謝在尼克森（Nickson）的帶領下，我們的挑夫西絲特斯（Sistus）、沐剛寶（Mugumbo）、辛噶、奈斯特（Nestor）、哈山尼（Hassani）、哈里法（Halifa）、維達（Veda）、艾曼紐（Emanuel）、古德樂夫（Goodlove）、達斯坦（Dastan）、阿里以及其他許多挑夫們，感謝他們讓我們的長途跋涉能順利完成。感謝我們來自十五個國家的高山領導力登山者、布萊爾・辛格培訓學院講師們、我偉大的大師及老師富勒博士，還有我親愛的好友與同事們，如羅伯特・清崎、肯・麥克洛伊（Ken McElroy）、約翰與麗莎・藍儂、戰士之心團隊（Warriors Heart Team）、「富爸爸」顧問團，以及我的良師益友和教練們——希爾・史丹福（Ceil Stanford）、艾倫・瓦特（Alan Walter）、蒙克比（Monk Bee）、珍・強生（Jayne Johnson）。

感謝妮可・史瑞德尼奇（Nicole Srednicki）與瑞達・葛派倫（Radha Gopalan）讓我的身體比實際年齡年輕，感謝夢娜・甘貝塔（Mona Gambetta）引導我將經驗化為文字，感謝凱倫・肯特瑞爾（Caren Cantrell）的協助，讓我的想法變得容易閱讀。感謝例如我的父母、祖父母、兄弟姊妹等，那些在我生命早期塑造我並賦予我重要道德觀及價值觀的人。

我甚至感謝那些我們一起遭遇過困難的人，他們想都沒想過我會感謝他們，因為他們每個人都讓我有更多的力量去學習、修正、成長和原諒！

最終……感謝所有那些勇敢地向未知航行，或接受別人不敢面對的挑戰，或那些不顧反對聲浪、威脅甚至死亡仍然勇敢站出來領導的偉大冒險家，對於那些覺得有些事得想辦法完成——即使他們不知道該怎麼做才好，在面對恐懼時仍向前邁進的勇敢靈魂。

他們全都是英雄，他們比我們早來，也正是因為透過他們的旅程和考驗，我們才能全部都站在這裡。因為他們，我永遠都會謙卑，我很榮幸能寫下這本書，以向他們的教導和榜樣致敬，願我們所有人都能讓他們傳承下來的東西變得更強大！

Blair Singer

企業成功所需的所有工具

潛在客戶、轉換率、死忠粉絲、財富…以及（最重要的是）你需要教導他人如何取代你的技能。

以下是裡面內容...

- **銷售高手**—如何把錢放進你的口袋，以及如何教導團隊裡的其他人也這麼做。
- **掌握團隊**—你準備好要將普通人轉變成能創造收益的冠軍團隊嗎？
- **管理小聲音**—如何讓會侵蝕自信、創造懷疑的「小聲音」安靜，防止它讓你拿石頭砸自己的腳。
- **精通銷售的藝術及商業的內心遊戲**
- **大師班**—在健康、財務與個人成長等領域，我所倚重的人之獨家影片、資料下載及訓練。
- **富爸爸集團顧問基礎知識**—商業、財務、金錢，以及來自我所見過最優秀企業家的更多資訊。
- **還有更多、更多寶藏！**

想知道這些技巧是否能爲你帶來成功嗎？

在運用布萊爾傳授的知識與技能後，我在事業中首次突破了20萬美元的銷售額！！！

—大衛‧迪慕蘭 輝達公司工程部副總

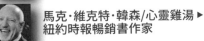

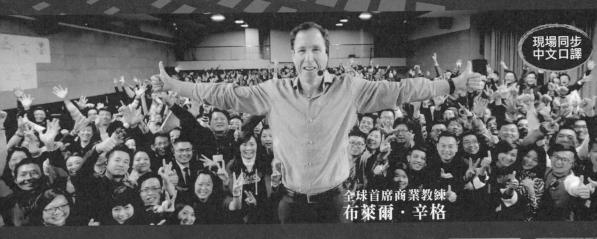

View_ 觀點 06

攀峰，讓團隊幫你贏

——攀登十次 5895 公尺世界高峰，體會「顛峰領導力」實戰商業模式

Summit Leadership : Taking Your Team to the Top

作　者　布萊爾．辛格（Blair Singer）
主　編　林慧美
譯　者　廖啟凡
校　稿　王玉妮、尹文琦
封面設計　倪旻鋒
視覺設計　賴楨璾
插畫設計　黃永恆

發行人兼總編輯　林慧美
法律顧問　葉宏基律師事務所
出　版　木果文創有限公司
地　址　苗栗縣竹南鎮福德路 124-1 號 1 樓
電　話　（037）476-621
客服信箱　movego.service@gmail.com
官　網　www.move-go-tw.com

總經銷　聯合發行股份有限公司
電　話　（02）2917-8022
傳　真　（02）2915-7212
製版印刷　禾耕彩色印刷事業股份有限公司
初　版　2023 年 7 月
定　價　410 元
ISBN　978-626-96731-7-9

First Edition : April, 2022

苓業國際教育學院（LING YE INTERNATIONAL EDUCATION ACADEMY）授權木果文創有限公司出版及發行。

國家圖書館出版品預行編目（CIP）資料

攀峰，讓團隊幫你贏：攀登十次 5895 公尺世界高峰，體會「顛峰領導力」實戰商業模式／布萊爾．辛格（Blair Singer）著．-- 初版．-- 苗栗縣竹南鎮：木果文創有限公司，2023.07
256 面；16.7*23 公分．--（View_ 觀點 ；06）
譯自：Summit leadership : taking your team to the top.
ISBN 978-626-96731-7-9（平裝）

1.CST: 領導者 2.CST: 領導理論

541.776　　112007947

Printed in Taiwan